DIBUJO Y PINTO

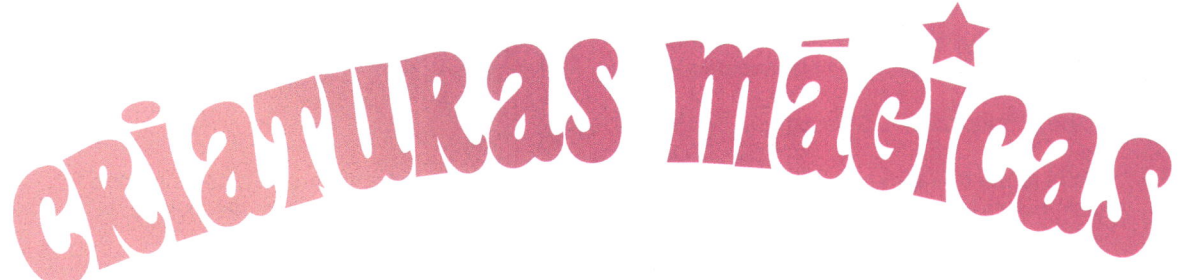

THIERRY BEAUDENON

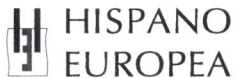

HISPANO
EUROPEA

Título de la edición original:
Je dessine des Créatures magiques

El autor reivindica el derecho moral de ser identificado como autor de esta obra.
Ilustraciones originales de Thierry Beaudenon

Es propiedad, 2017:
© Éditions Vigot, Paris

© de la edición en castellano, 2018:
Editorial Hispano Europea, S. A.
Passeig del Ferrocarril, 335
08860 Castelldefels - Barcelona, España
E-mail: hispanoeuropea@hispanoeuropea.com

© de la traducción: I. Balasch

Depósito Legal: B. 24294-2018

ISBN: 978-84-255-2142-3

Consulte nuestra web:
www.hispanoeuropea.com

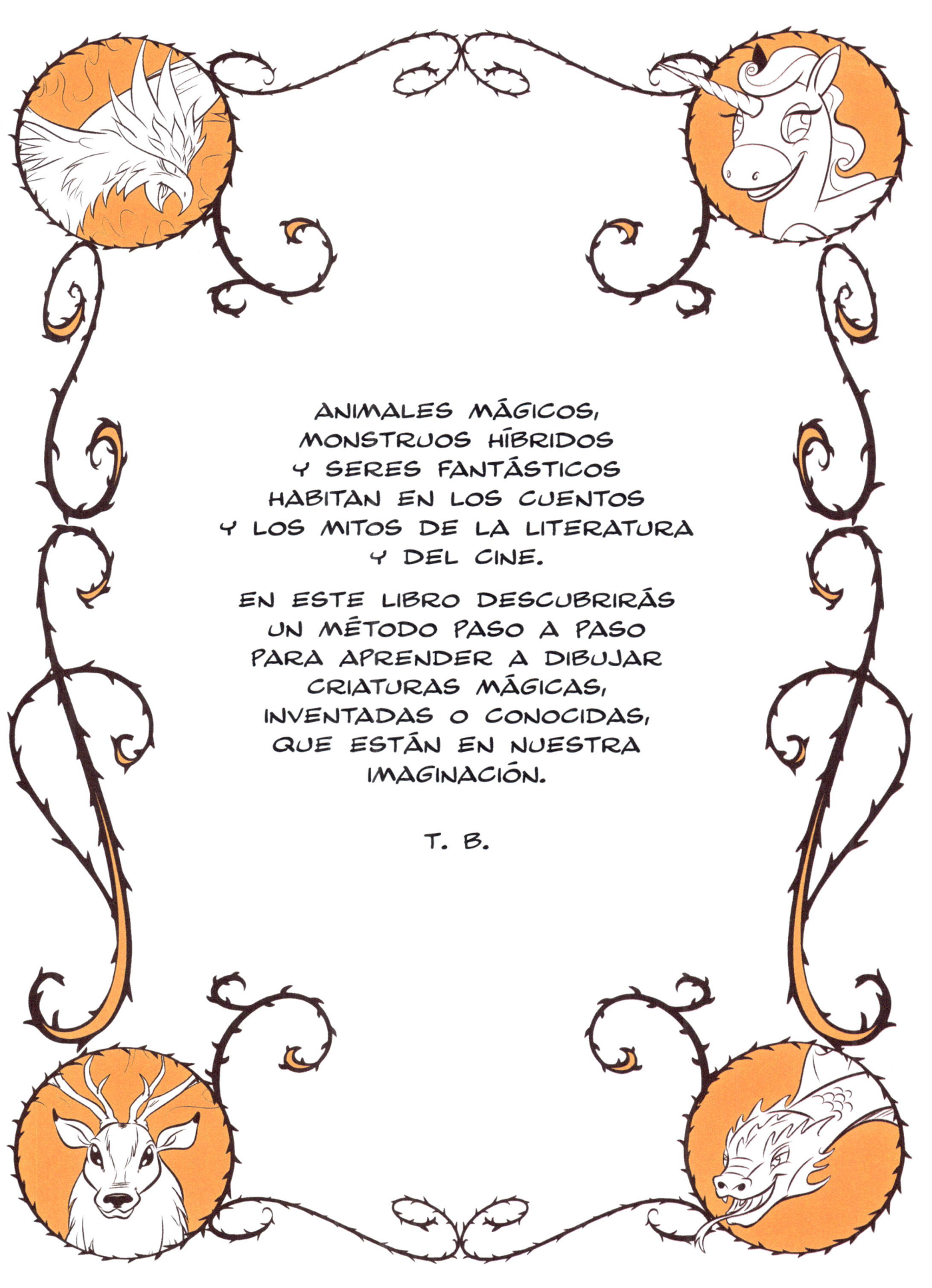

ANIMALES MÁGICOS,
MONSTRUOS HÍBRIDOS
Y SERES FANTÁSTICOS
HABITAN EN LOS CUENTOS
Y LOS MITOS DE LA LITERATURA
Y DEL CINE.

EN ESTE LIBRO DESCUBRIRÁS
UN MÉTODO PASO A PASO
PARA APRENDER A DIBUJAR
CRIATURAS MÁGICAS,
INVENTADAS O CONOCIDAS,
QUE ESTÁN EN NUESTRA
IMAGINACIÓN.

T. B.

EL UNICORNIO

1 - HAZ UN CROQUIS RÁPIDO DE LA FORMA GENERAL CON UN LÁPIZ.

2 - AFINA LA ANATOMÍA DEL PERSONAJE.

3 - EMPIEZA A DIBUJAR LOS MIEMBROS.

4 - EN ESTA ETAPA, AÑADE DIFERENTES ELEMENTOS COMO LA CRIN Y LA COLA.

5 - ACABA EL DIBUJO PREPARATORIO
TRABAJANDO LOS ÚLTIMOS DETALLES.

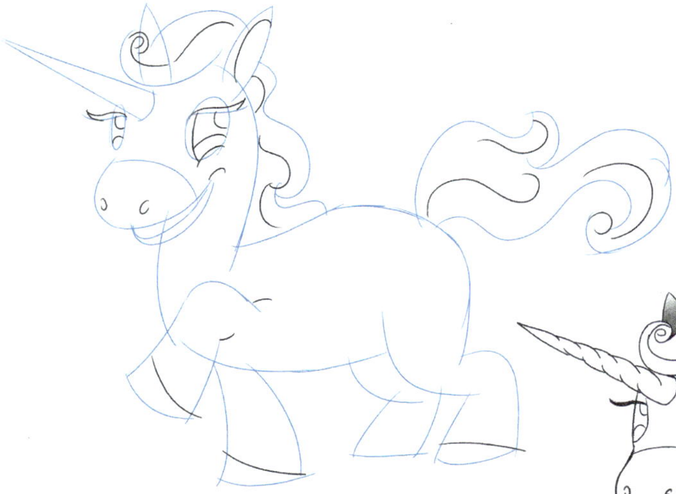

6 - LIMPIA EL CROQUIS
BORRANDO LOS TRAZOS
SUPERFLUOS Y AFINA LOS
DETALLES.

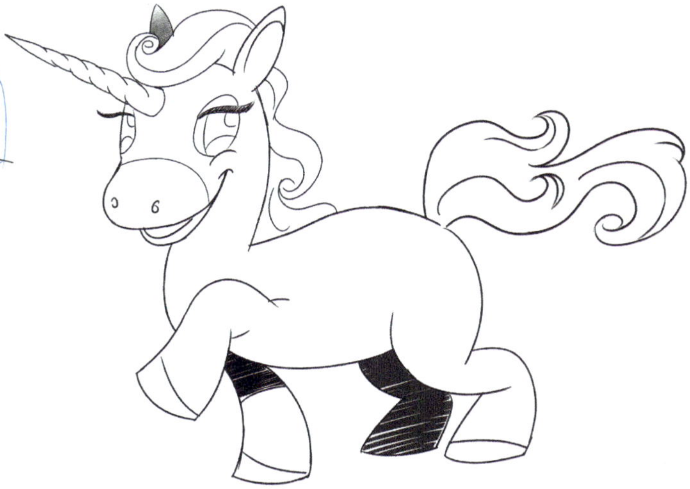

7 - PASA LOS TRAZOS
A TINTA NEGRA CON
UN ROTULADOR O PINCEL.

8 - ACABA PINTANDO EL
DIBUJO CON COLORES.

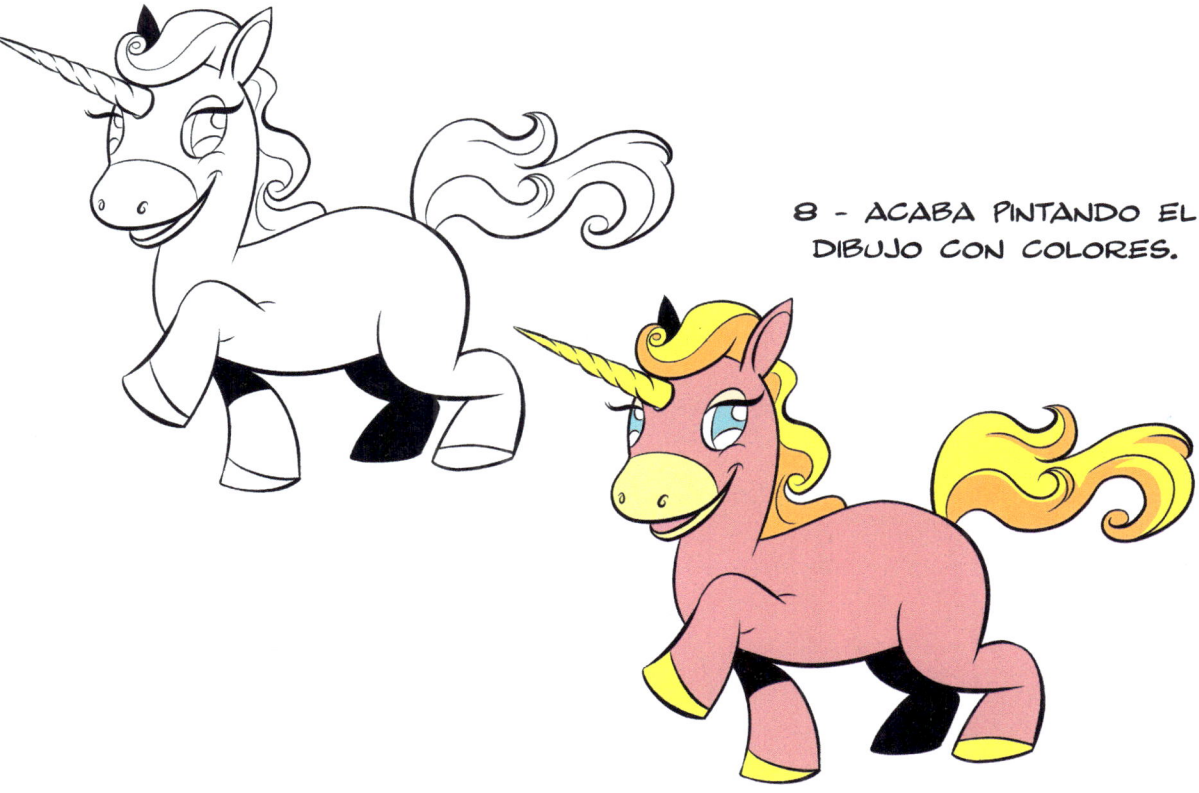

EL CIERVO DE FUEGO

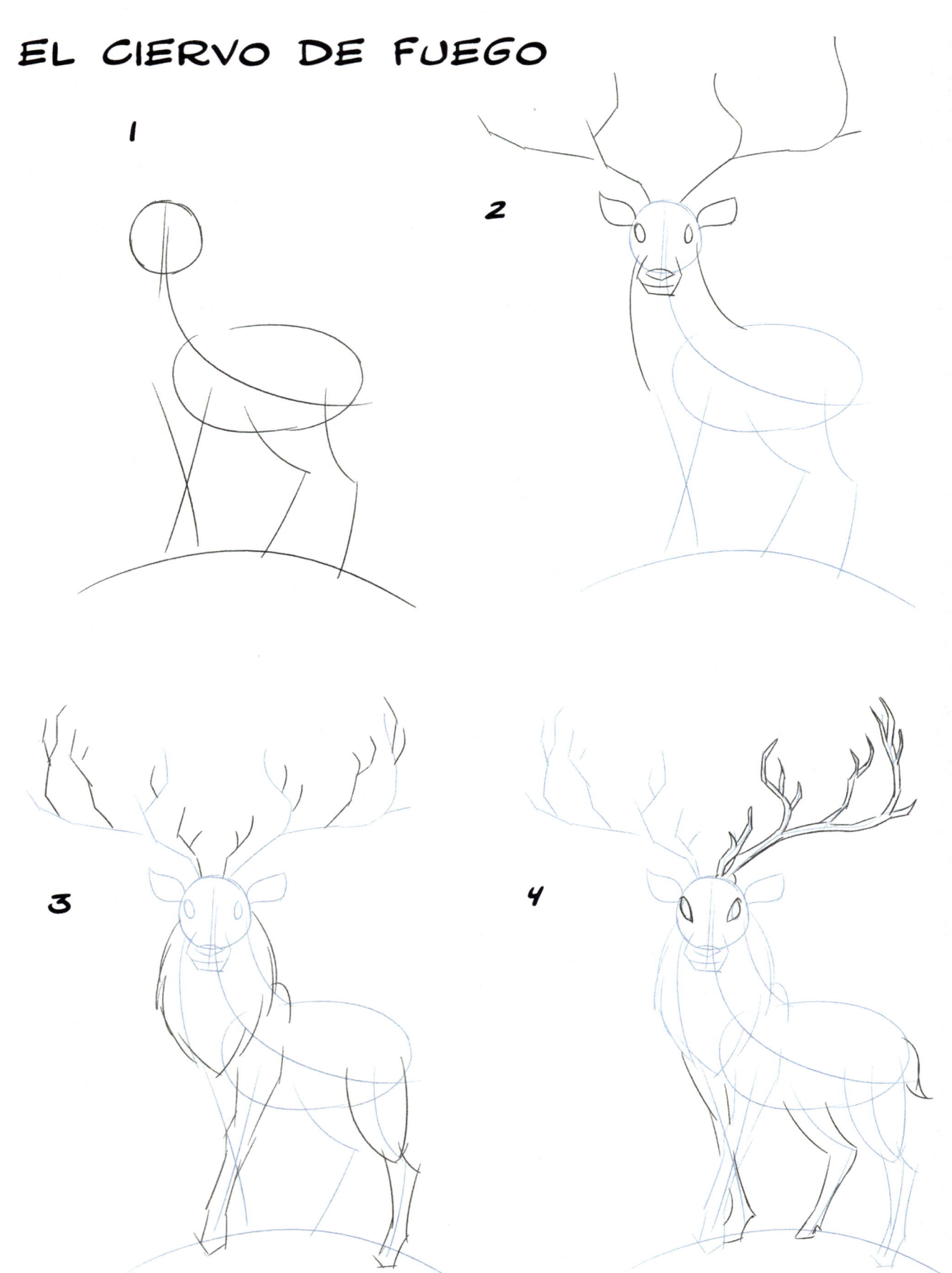

1

2

3

4

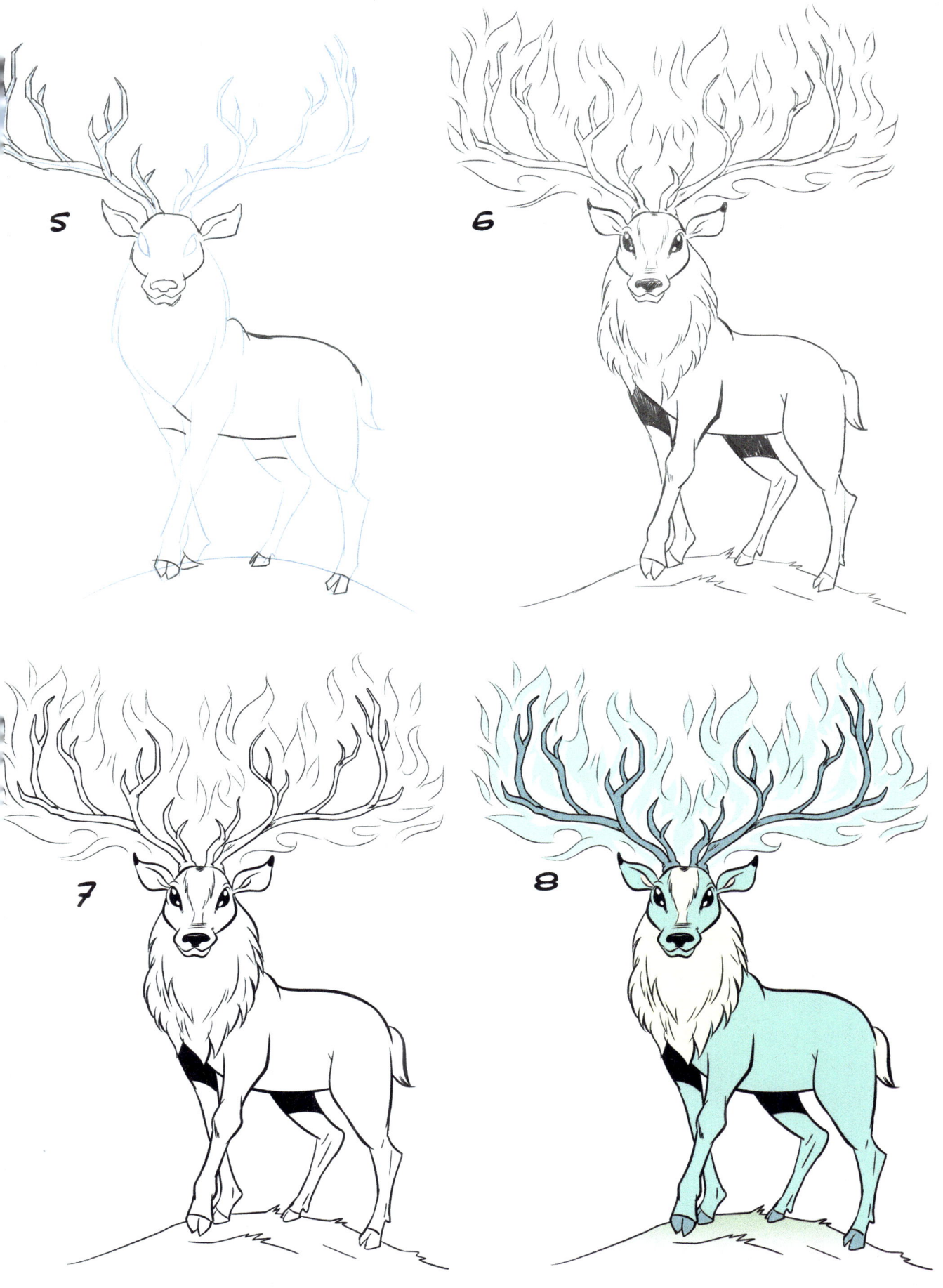

EL ELEFANTE-MARIPOSA

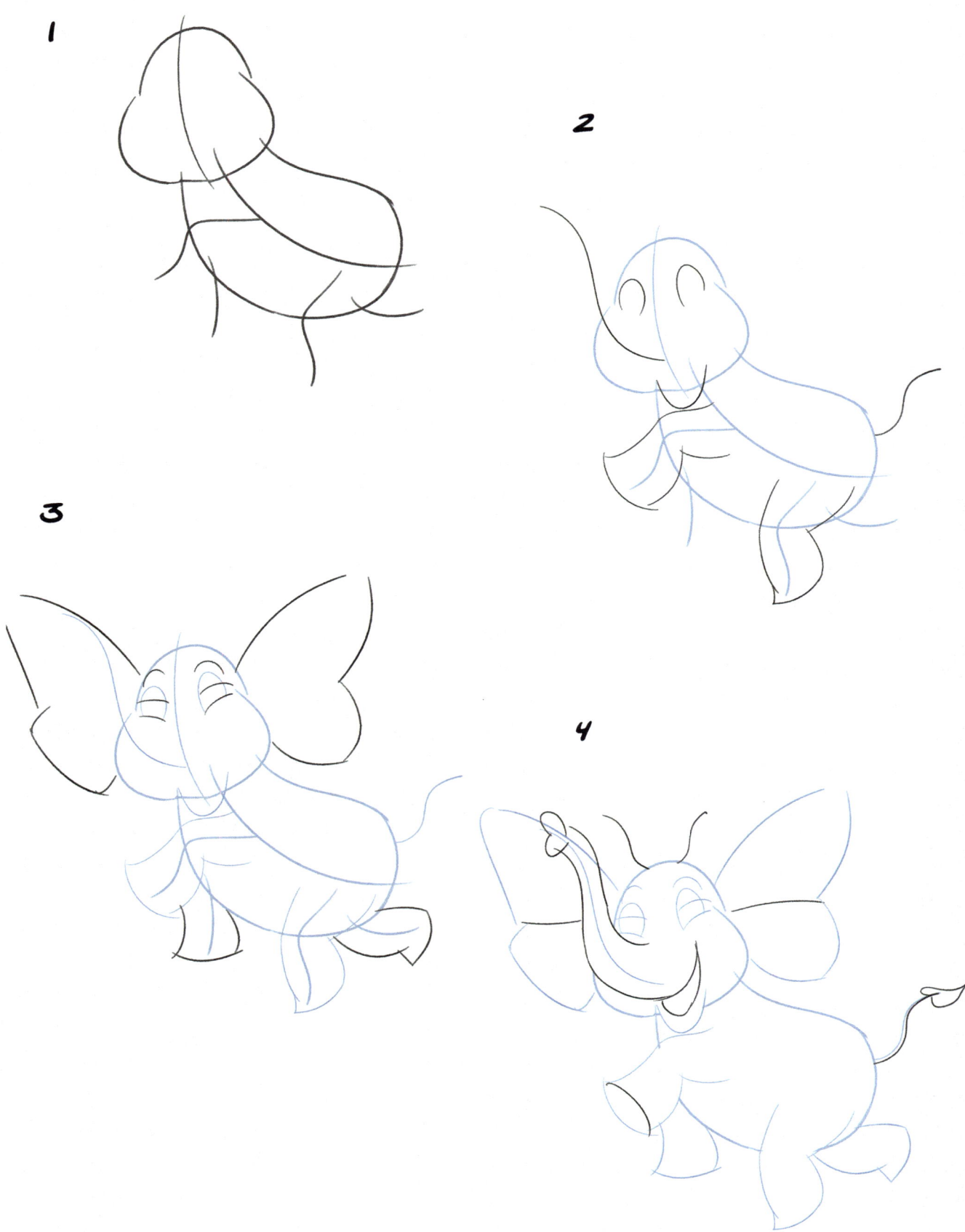

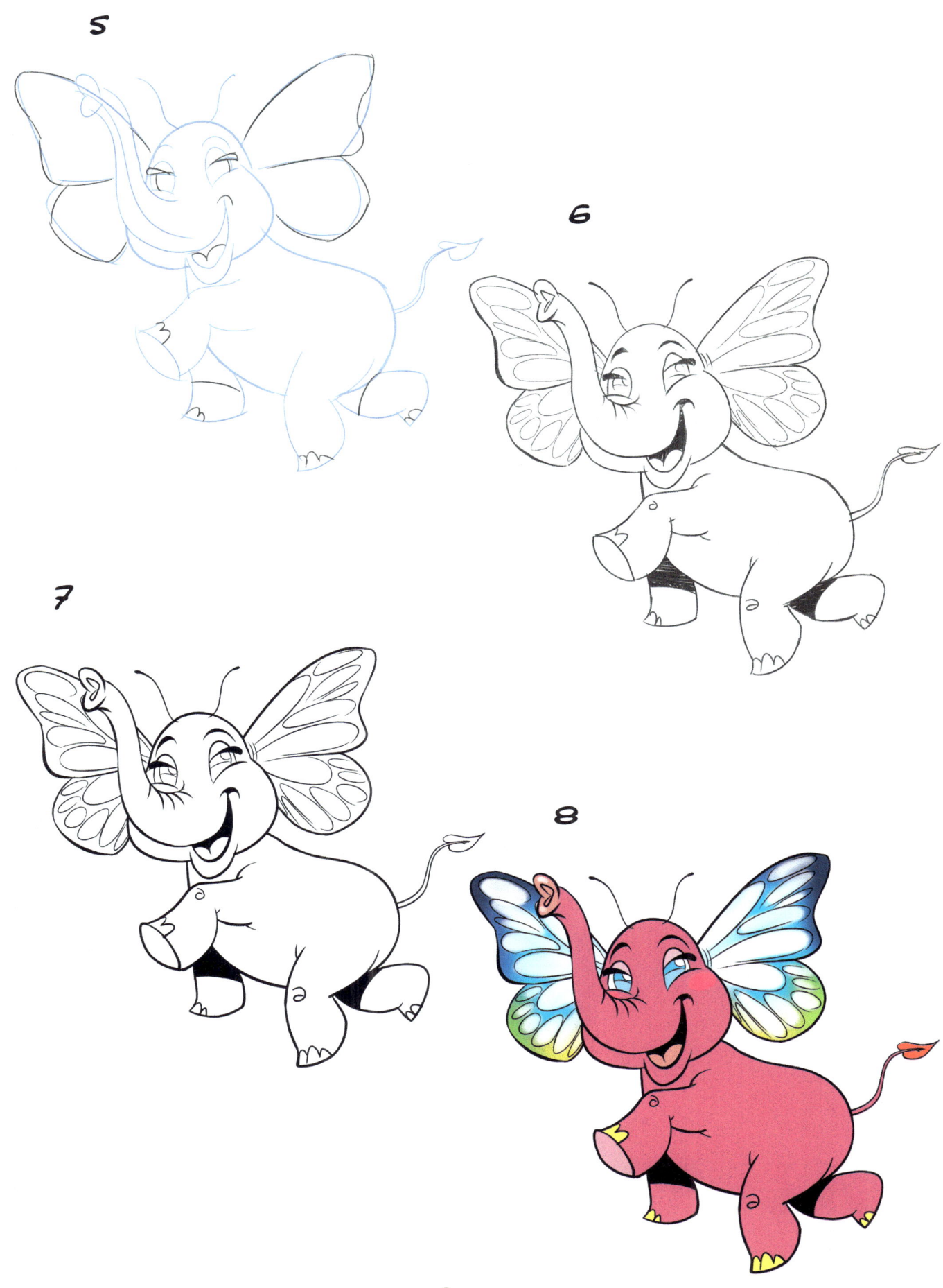

EL DUENDE

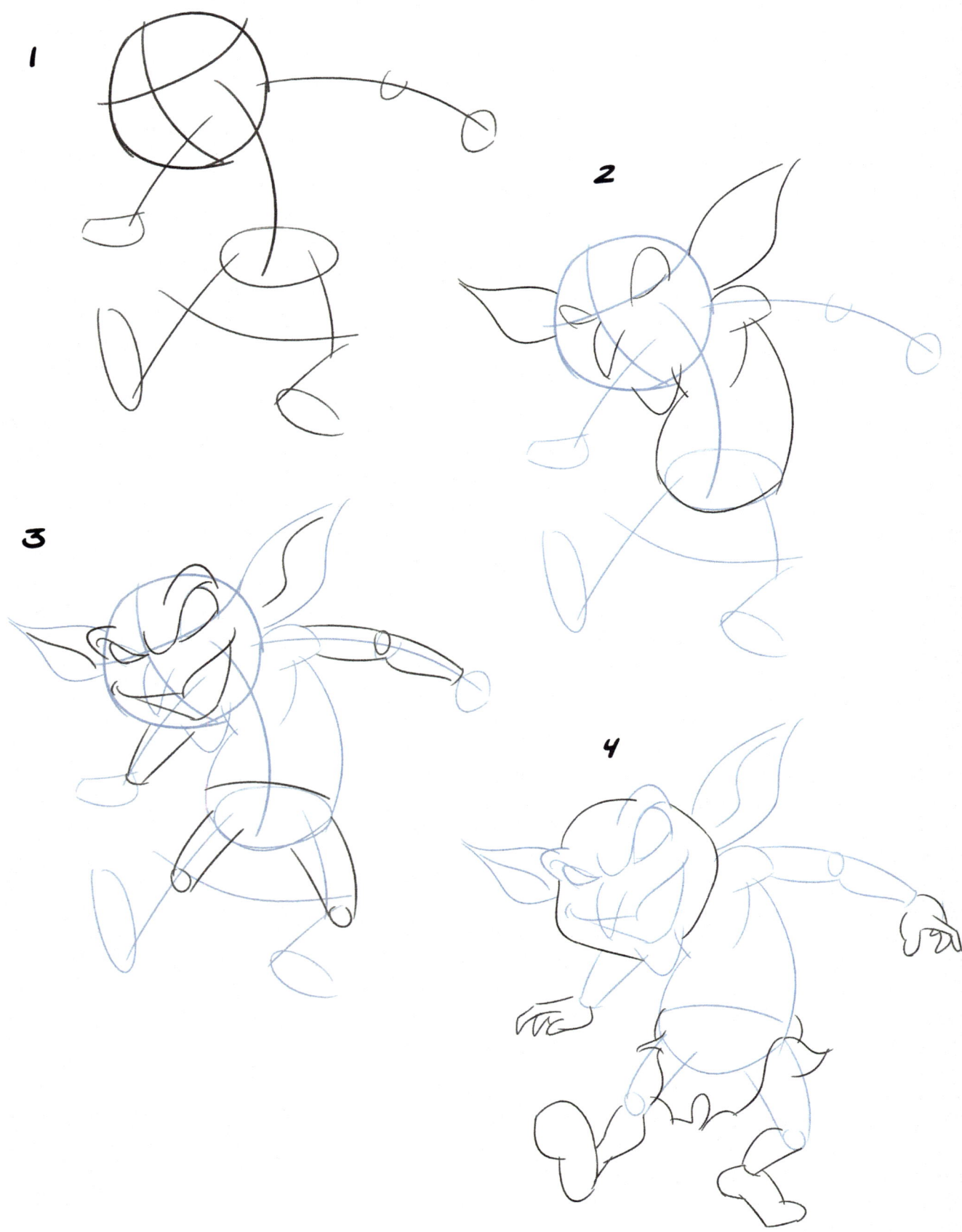

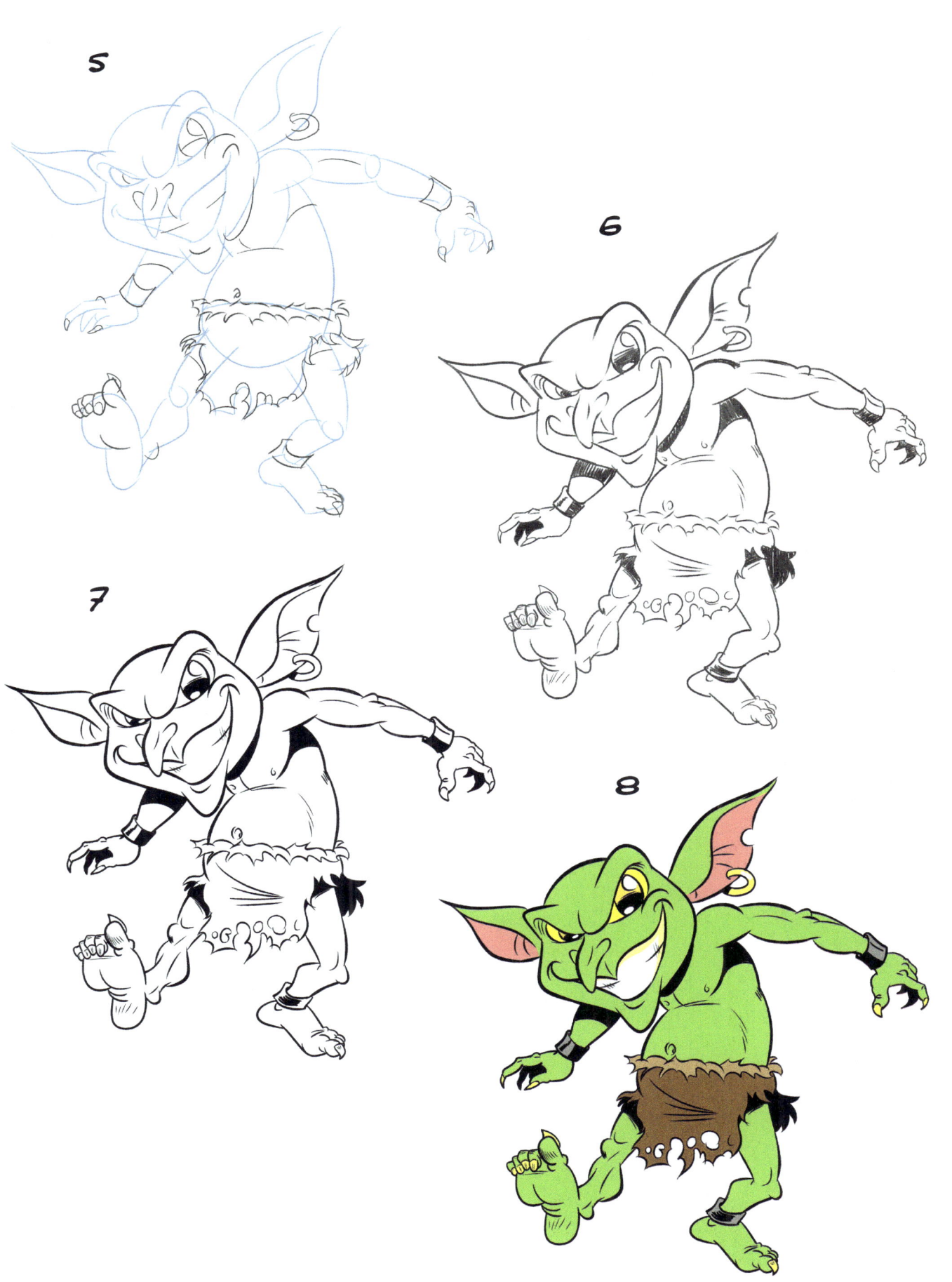

EL CHAMPIÑÓN SALVAJE

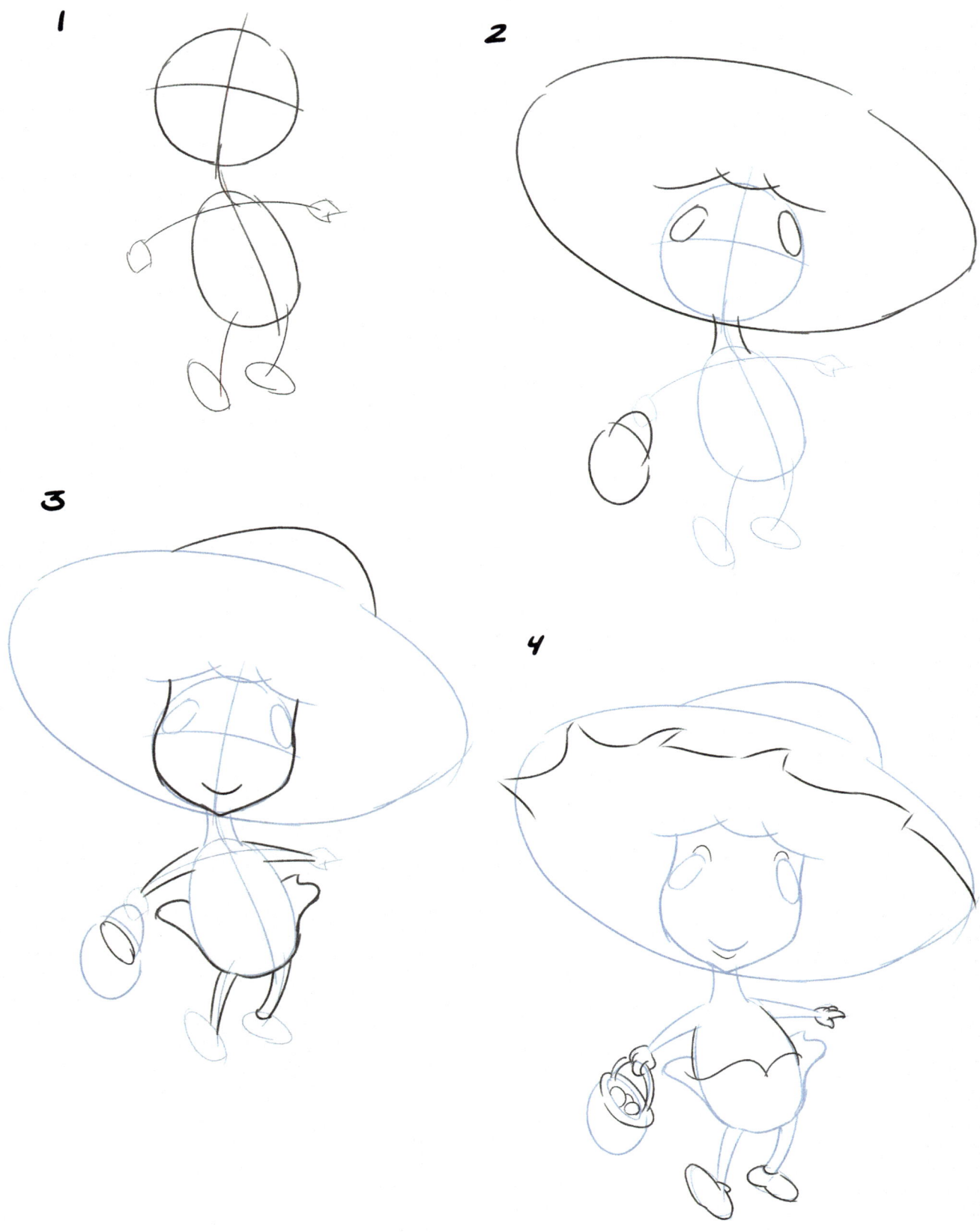

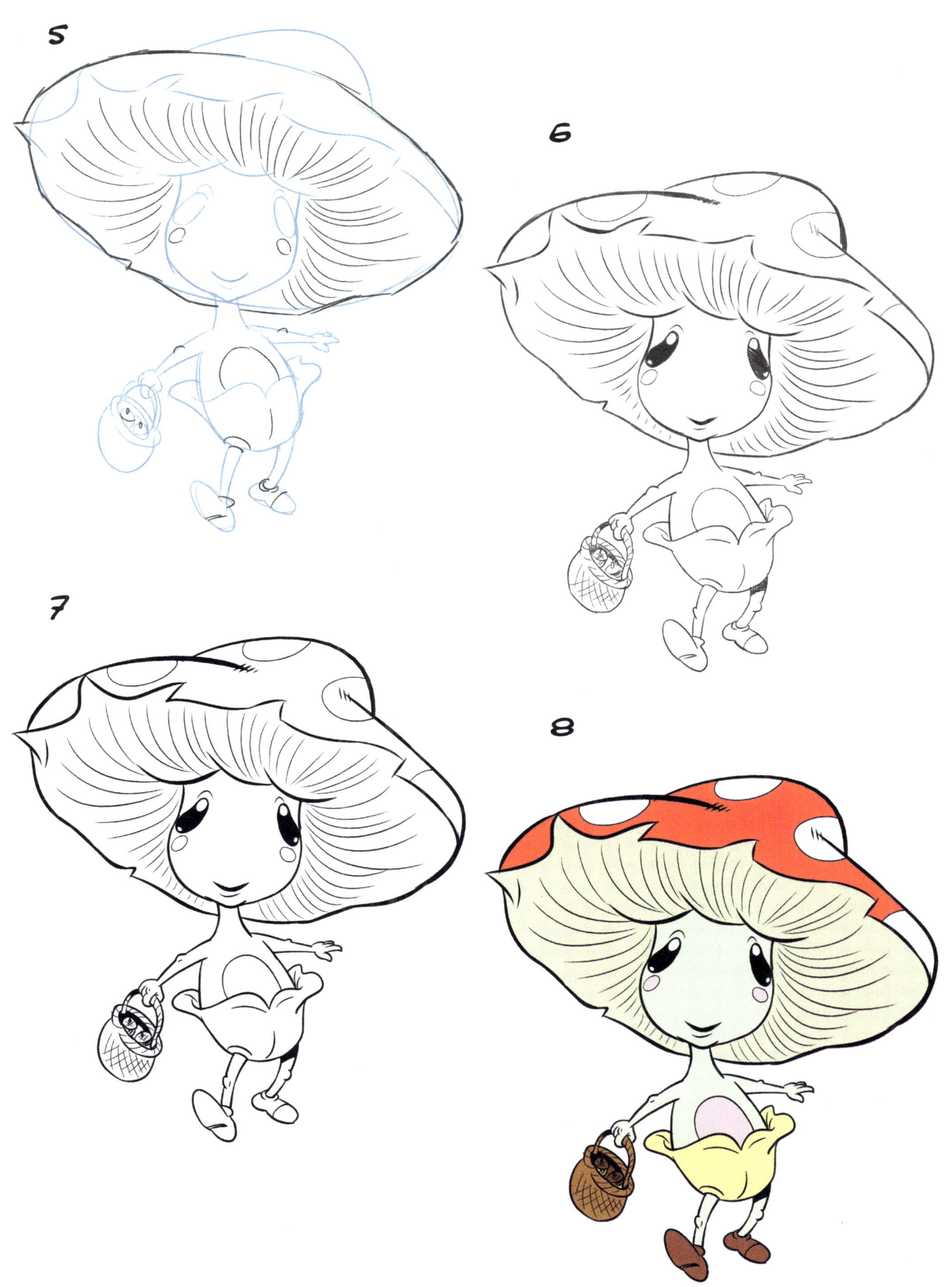

EL TIGRE-SIRENA

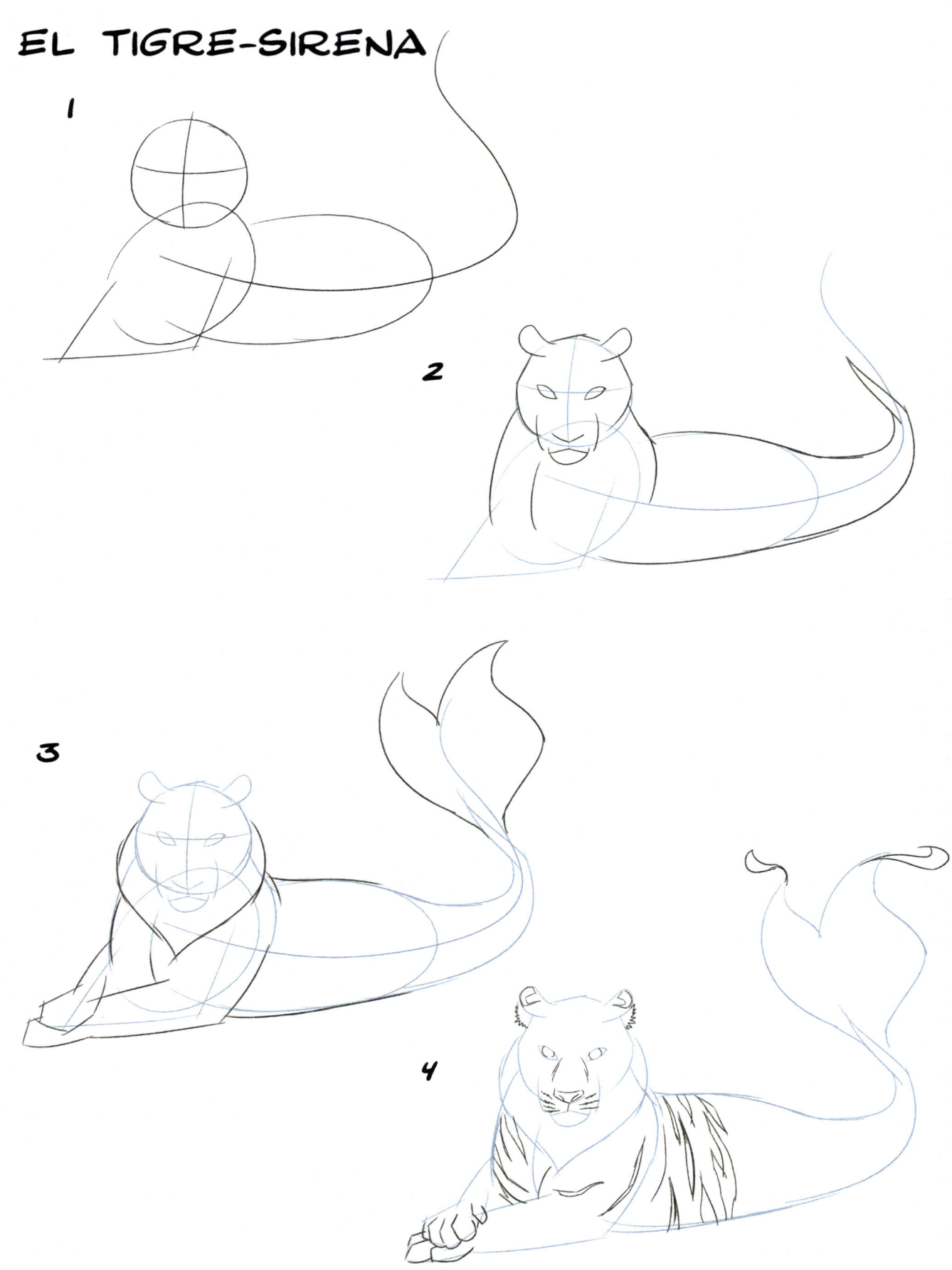

1

2

3

4

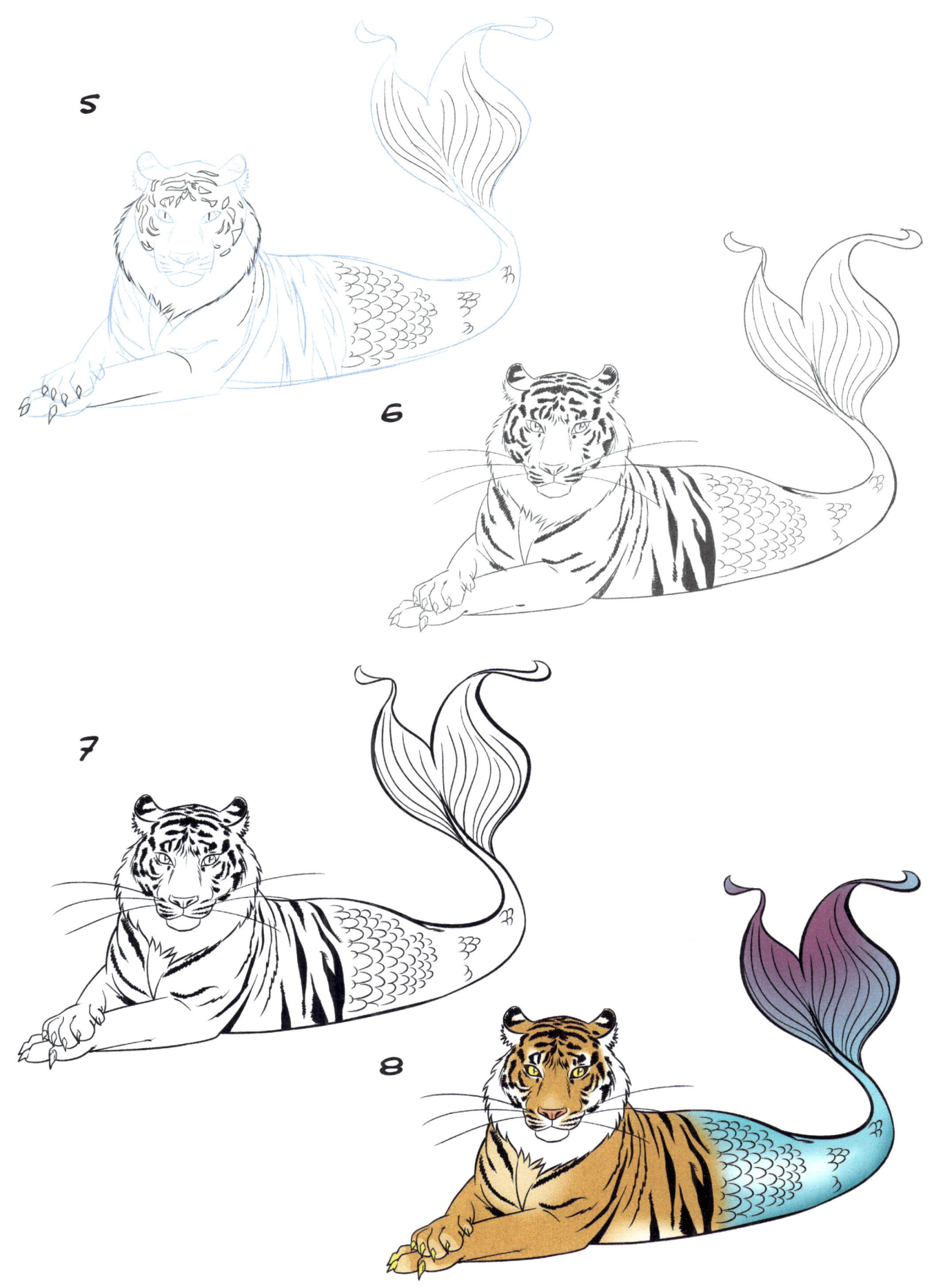

LA SALAMANDRA

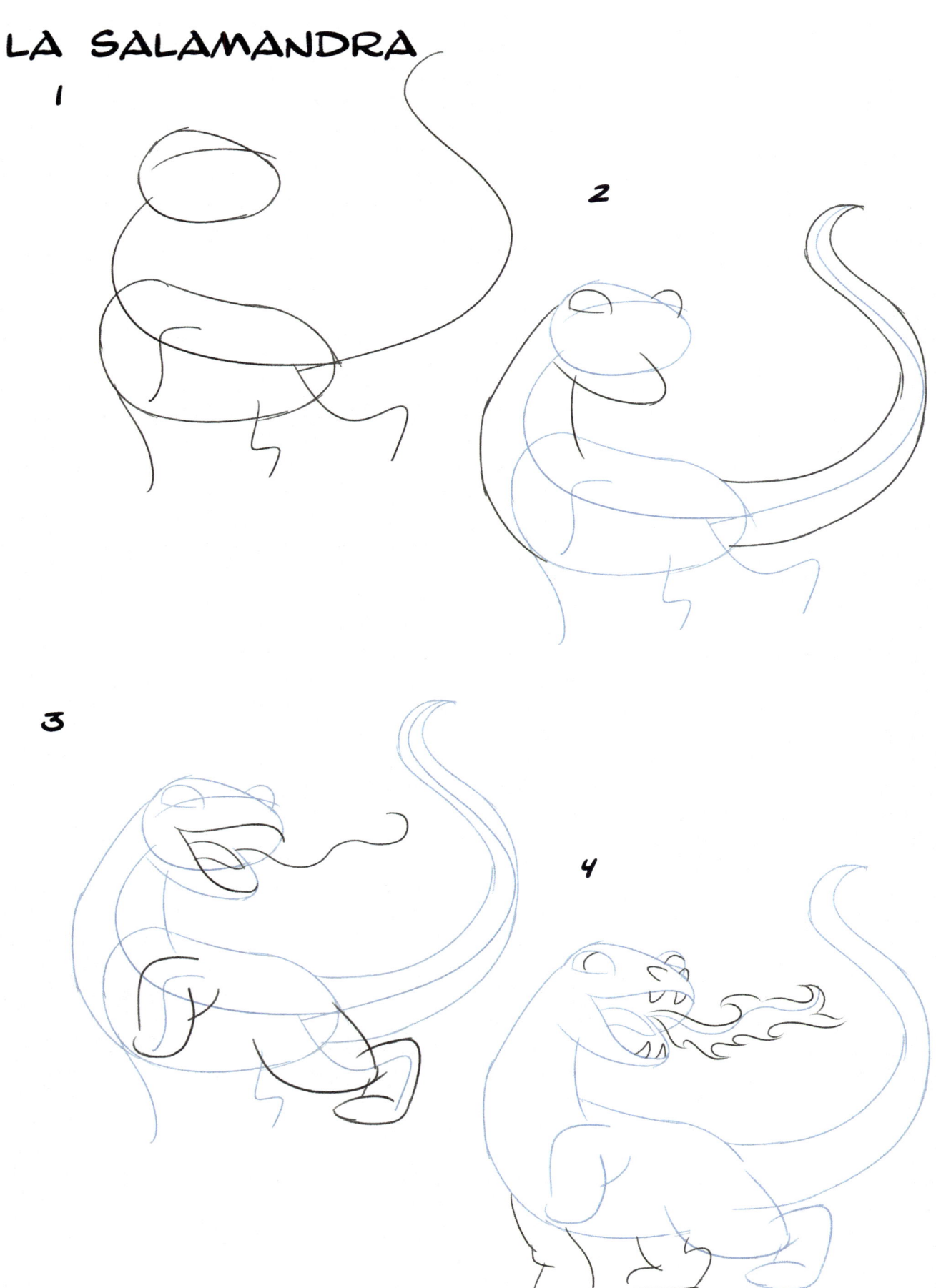

1

2

3

4

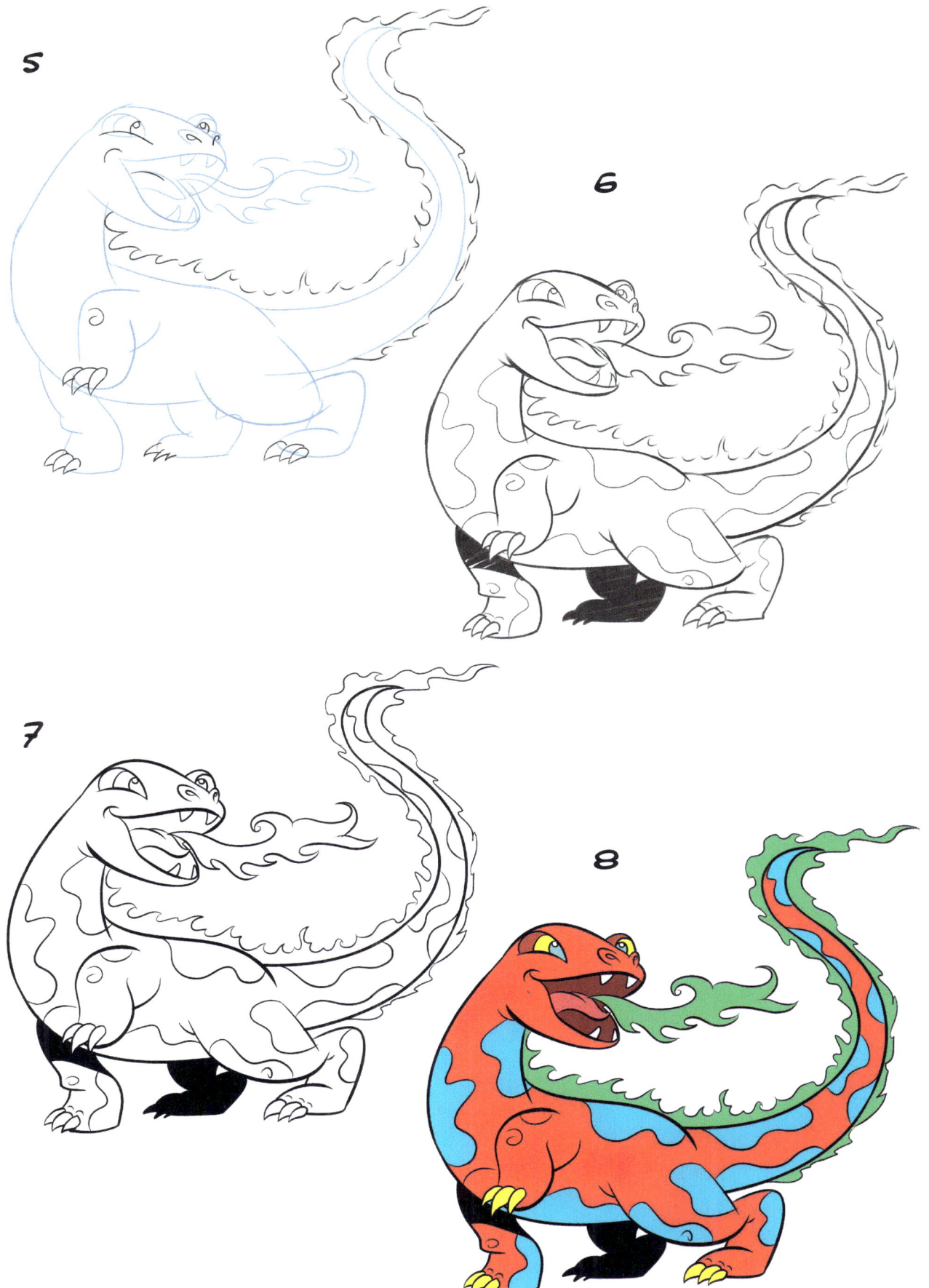

LA RANA-TITÍ

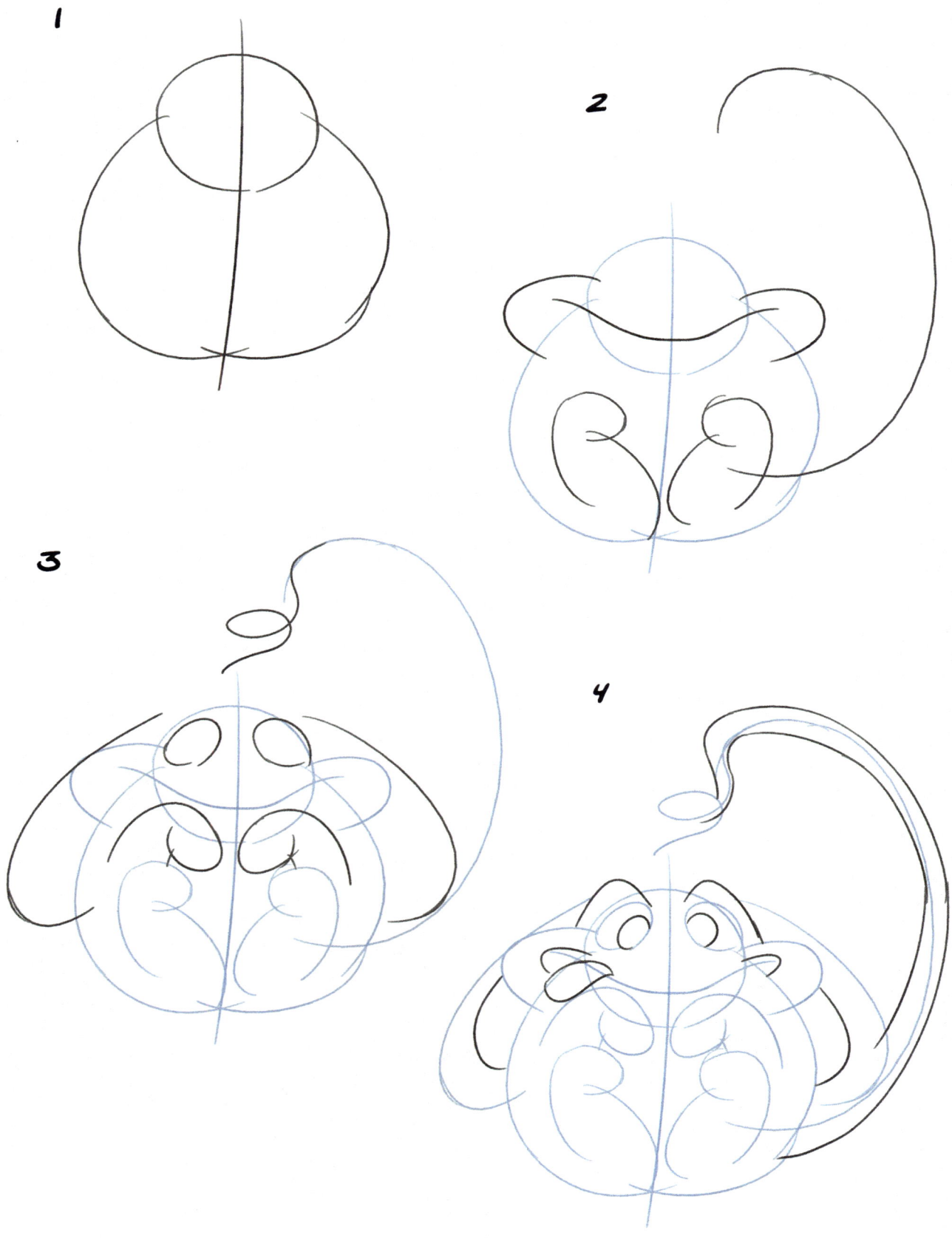

1

2

3

4

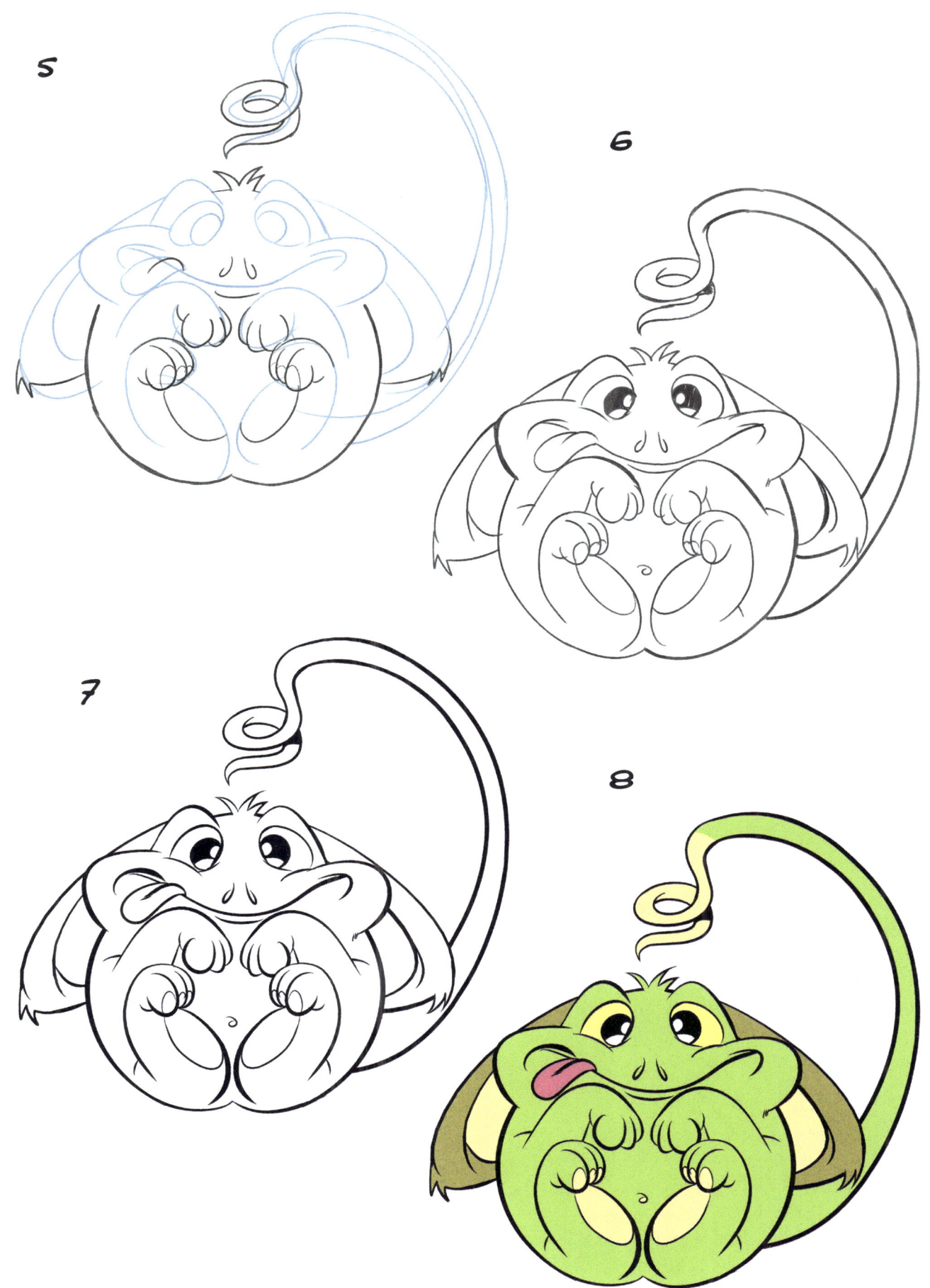

EL ESPÍRITU DEL BOSQUE

1

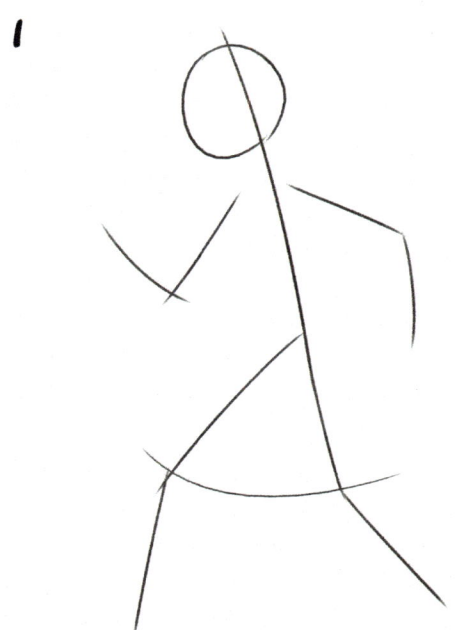

2

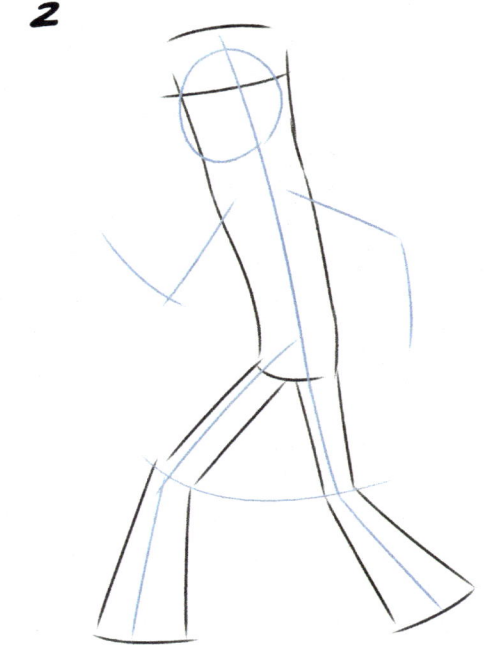

3

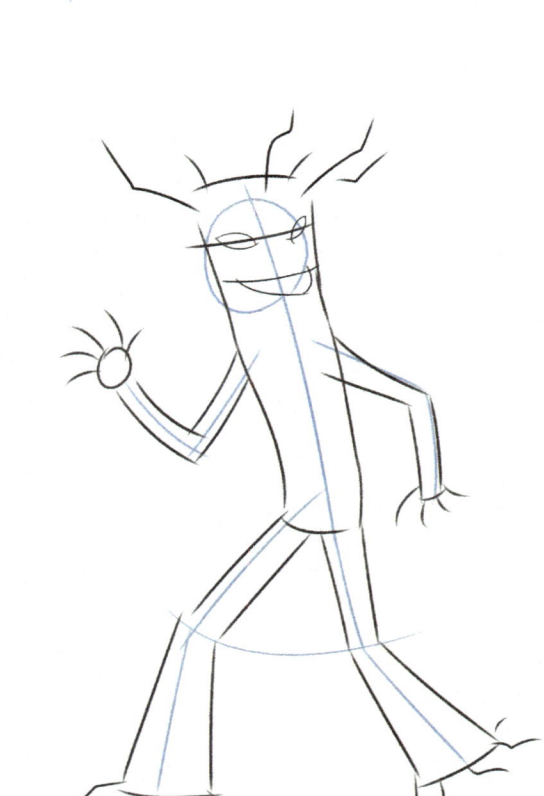

4

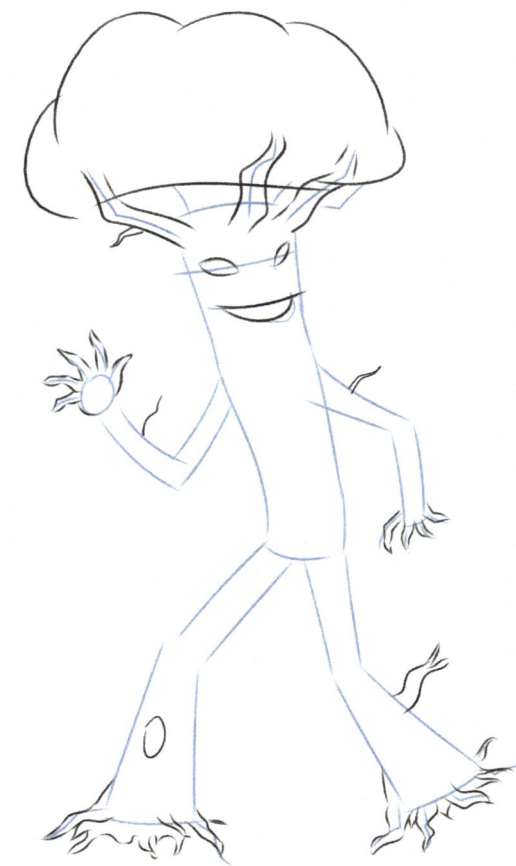

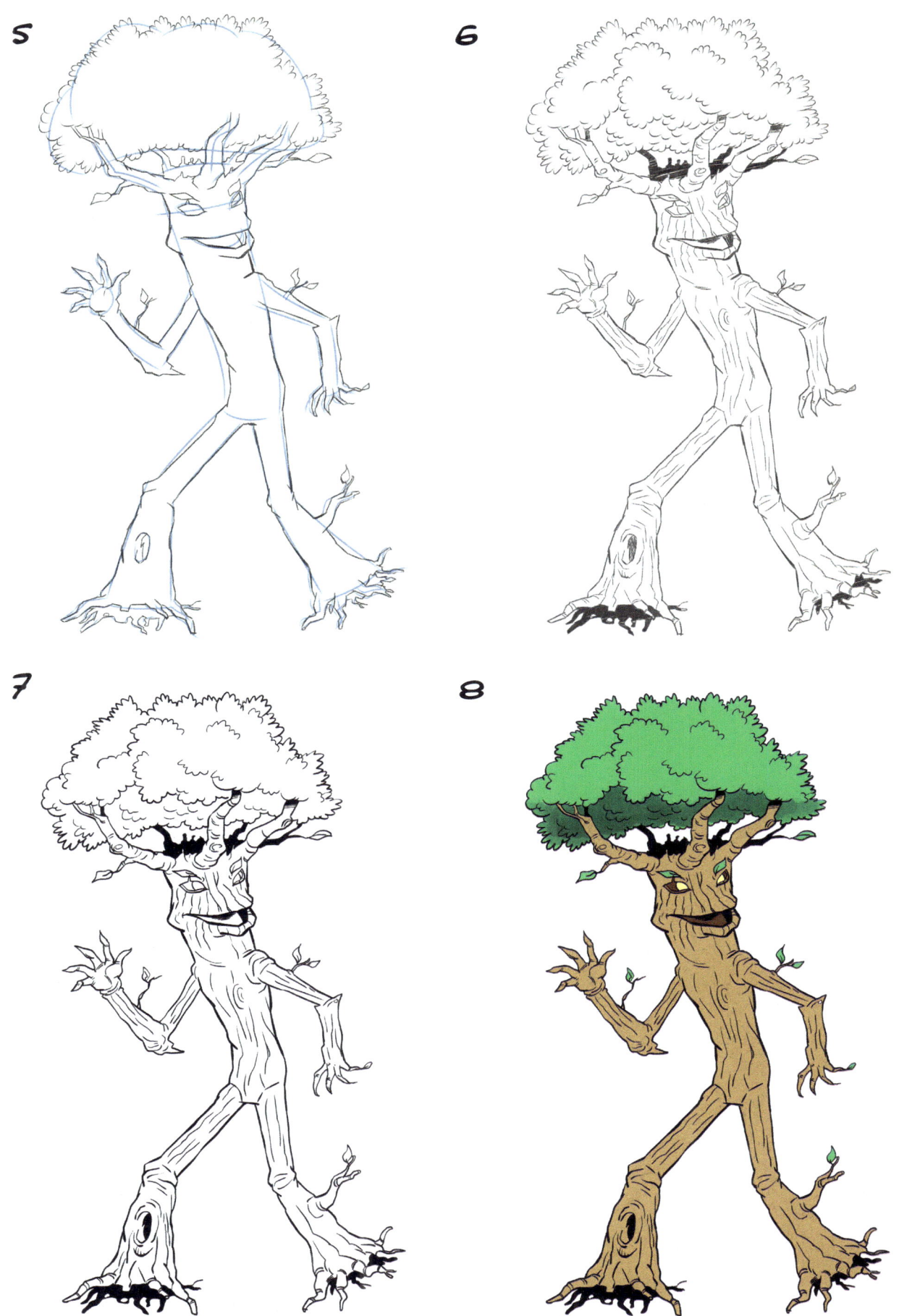

EL TUCÁN-FLOR

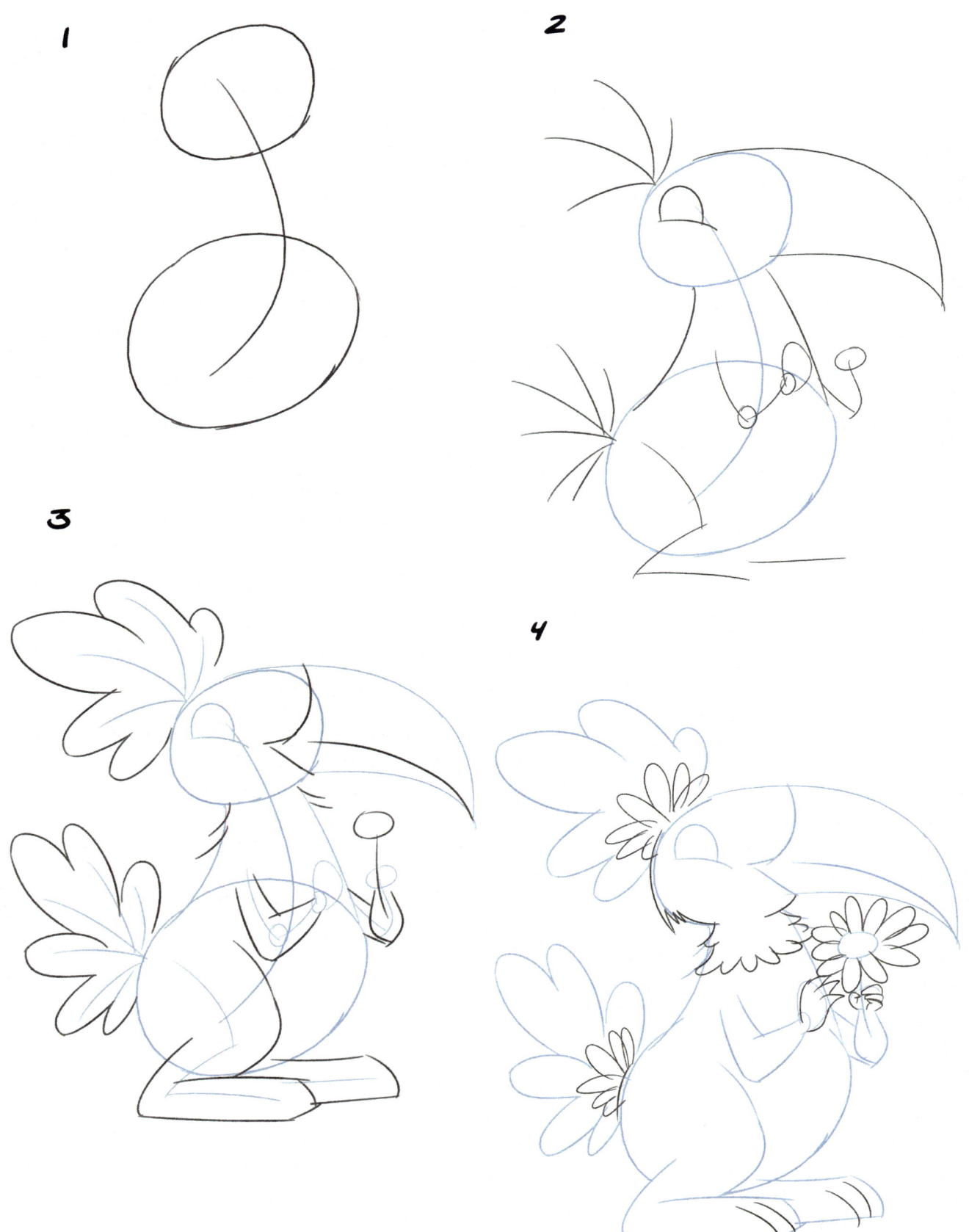

1

2

3

4

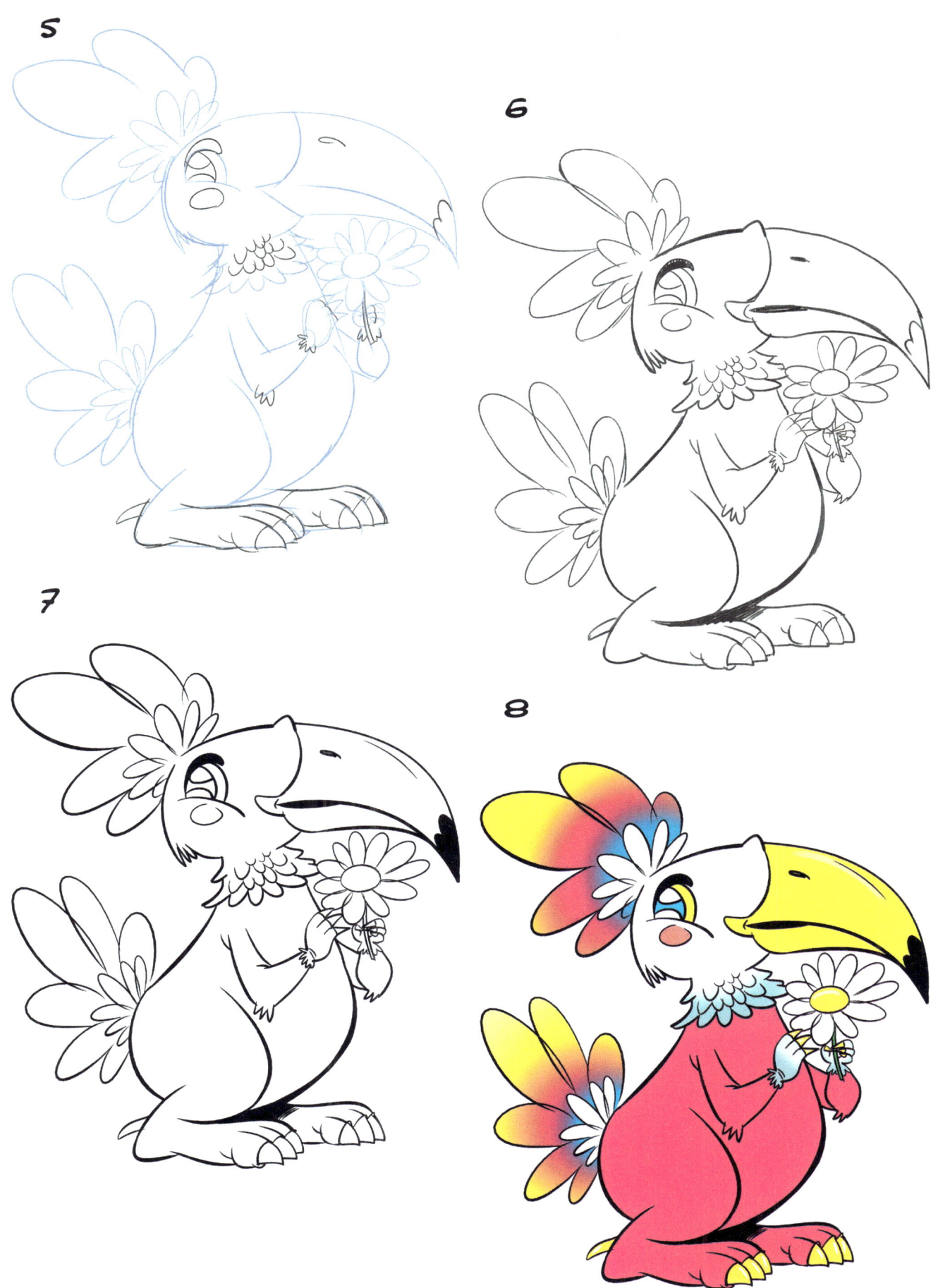

EL AVE FÉNIX

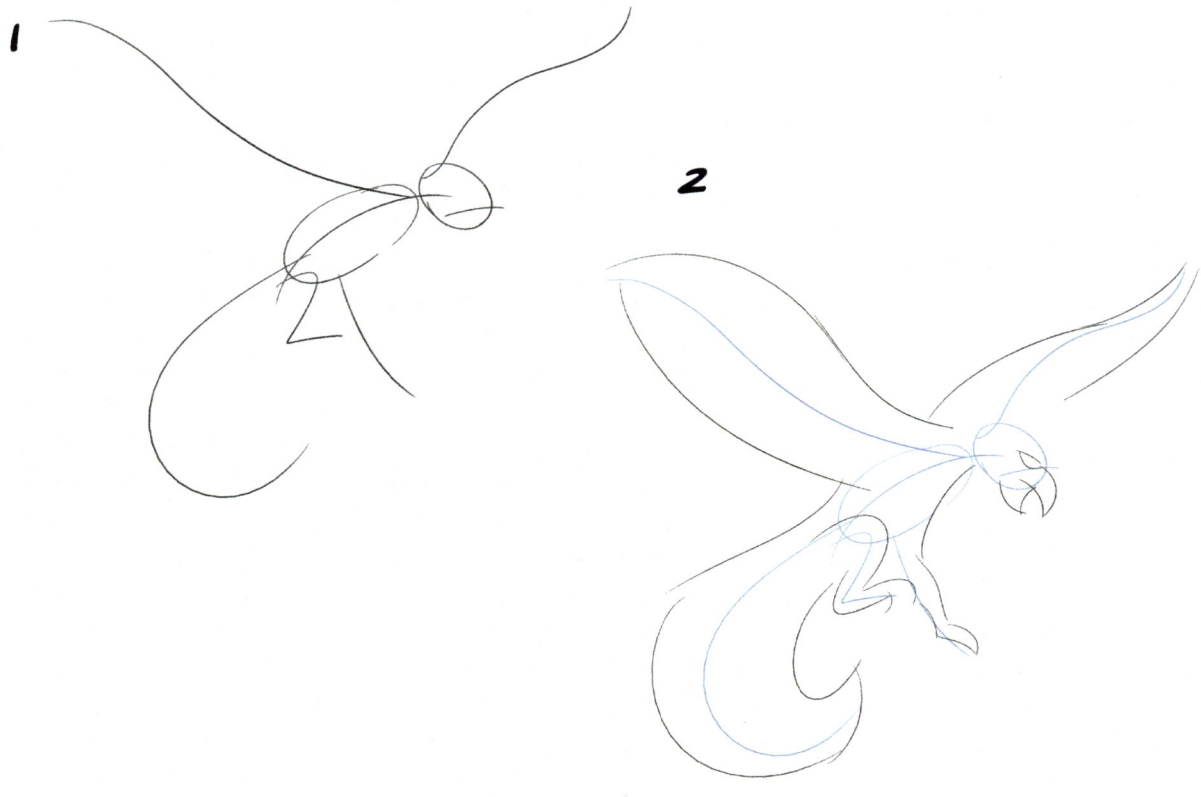

1

2

3

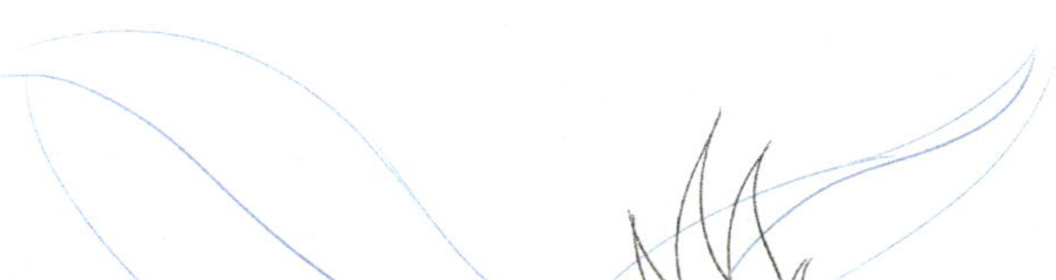

4

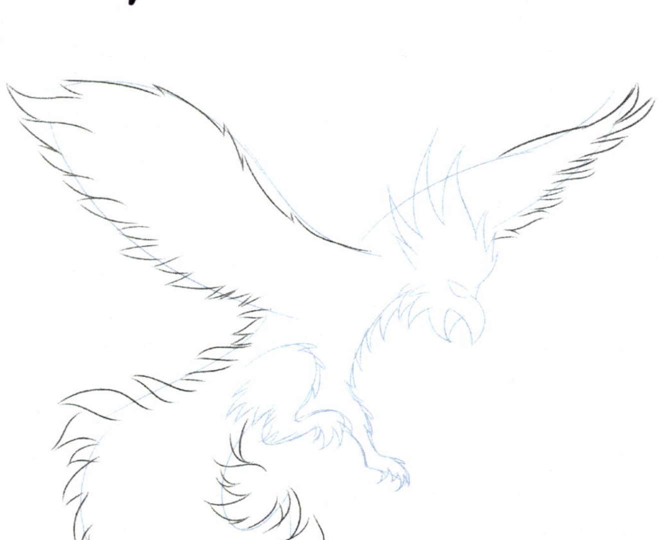

5

6

7

8

25

EL HOMBRE DE PIEDRA

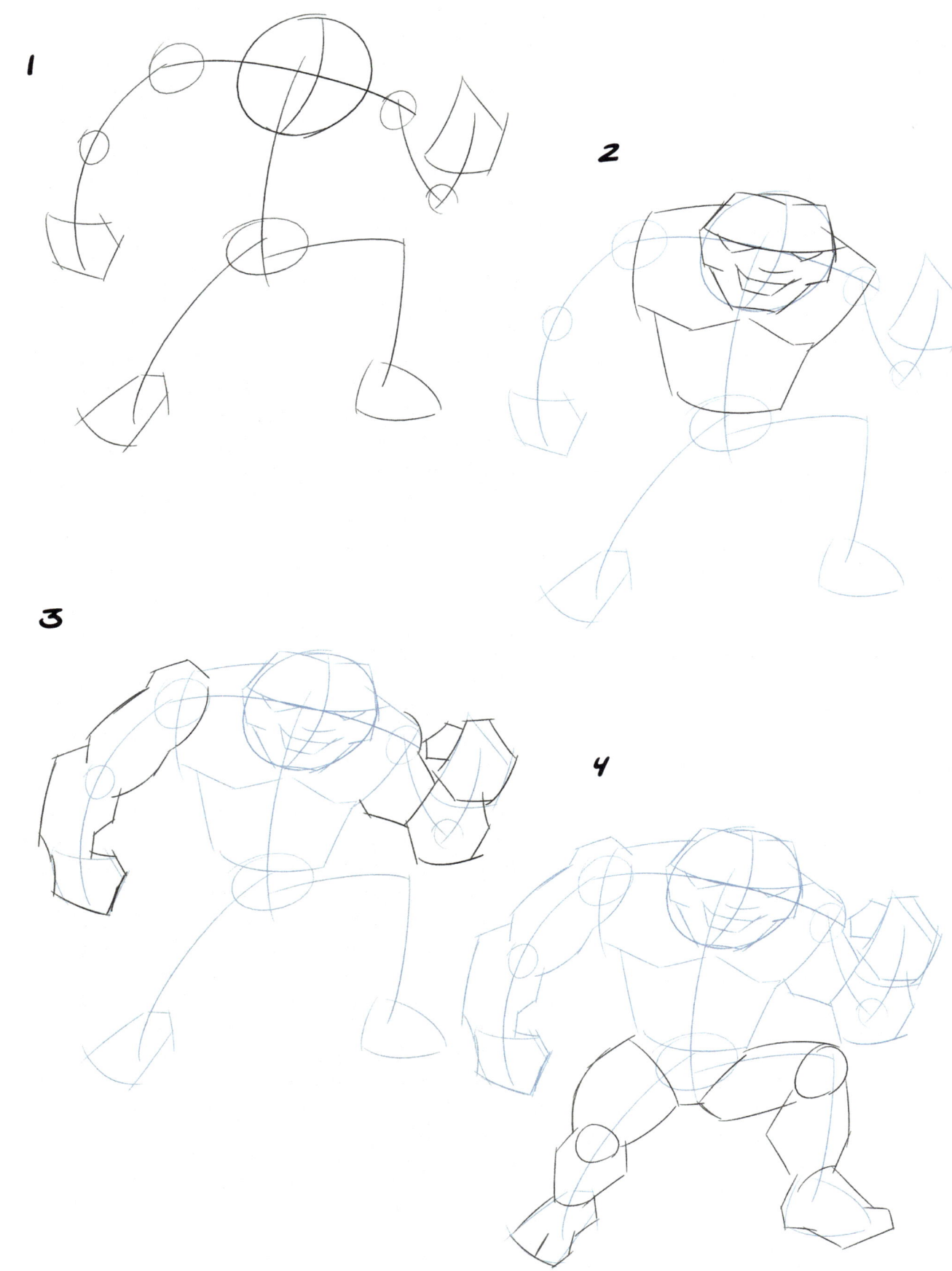

1

2

3

4

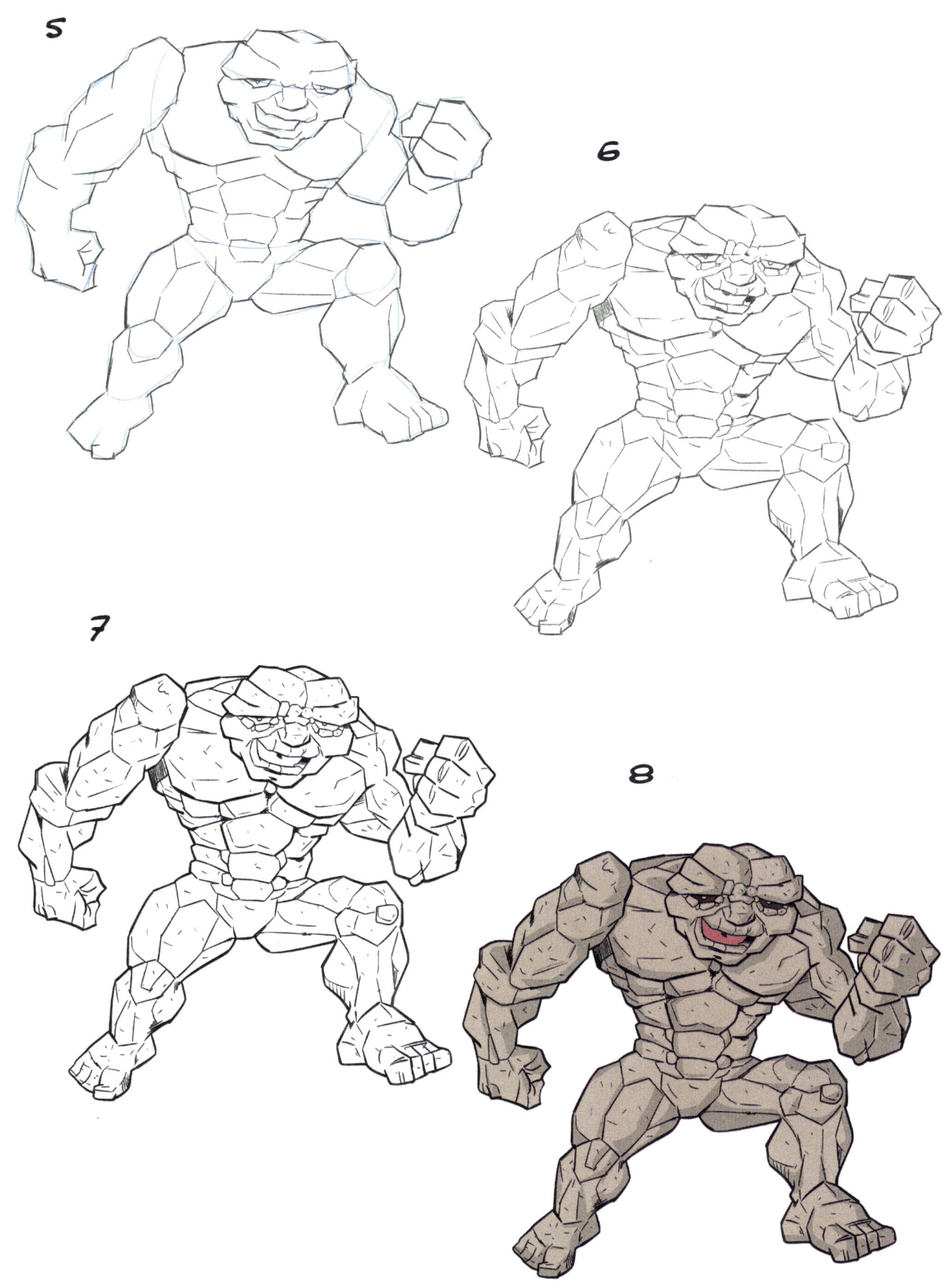

5

6

7

8

EL ADORABLE PEGASO

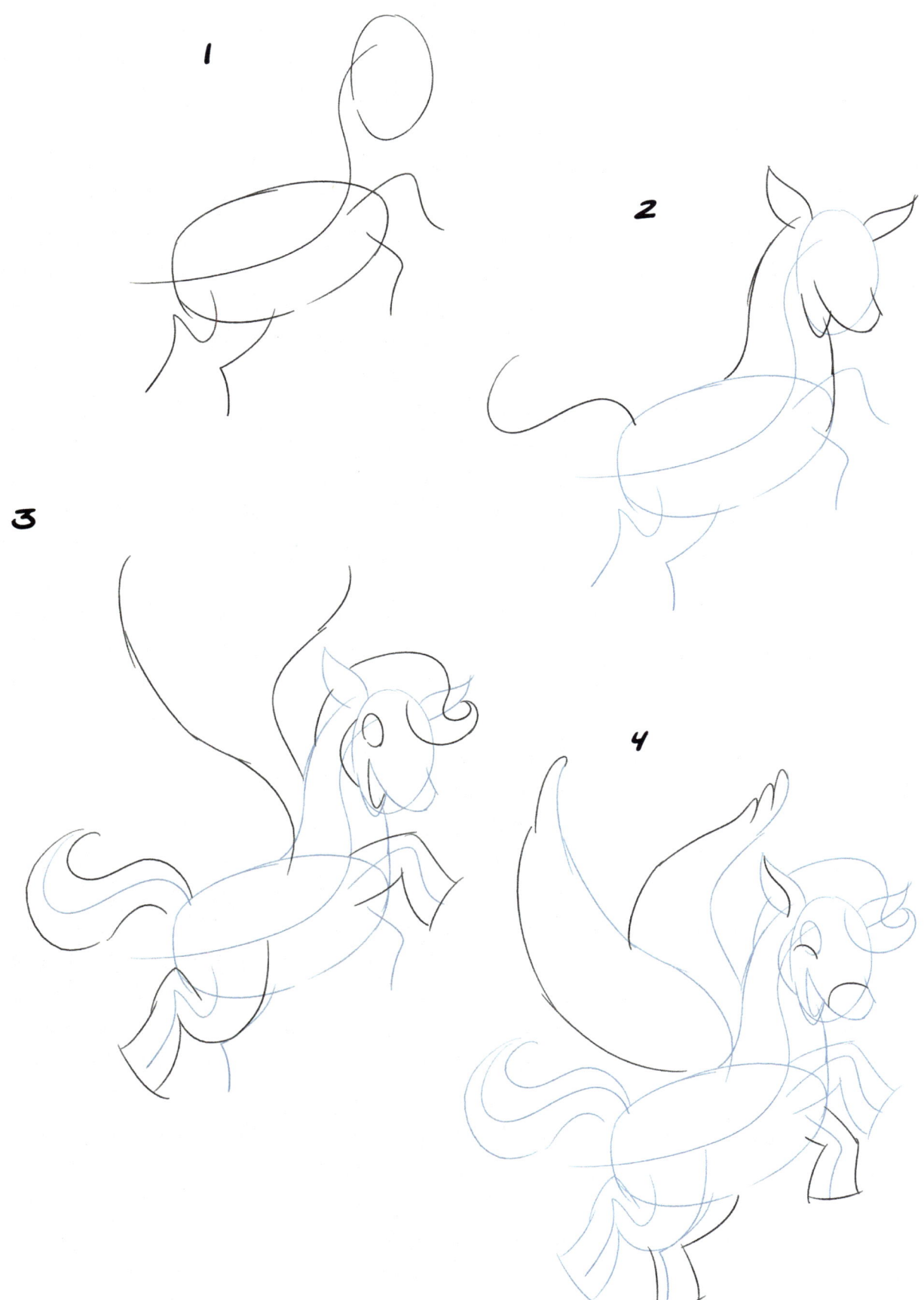

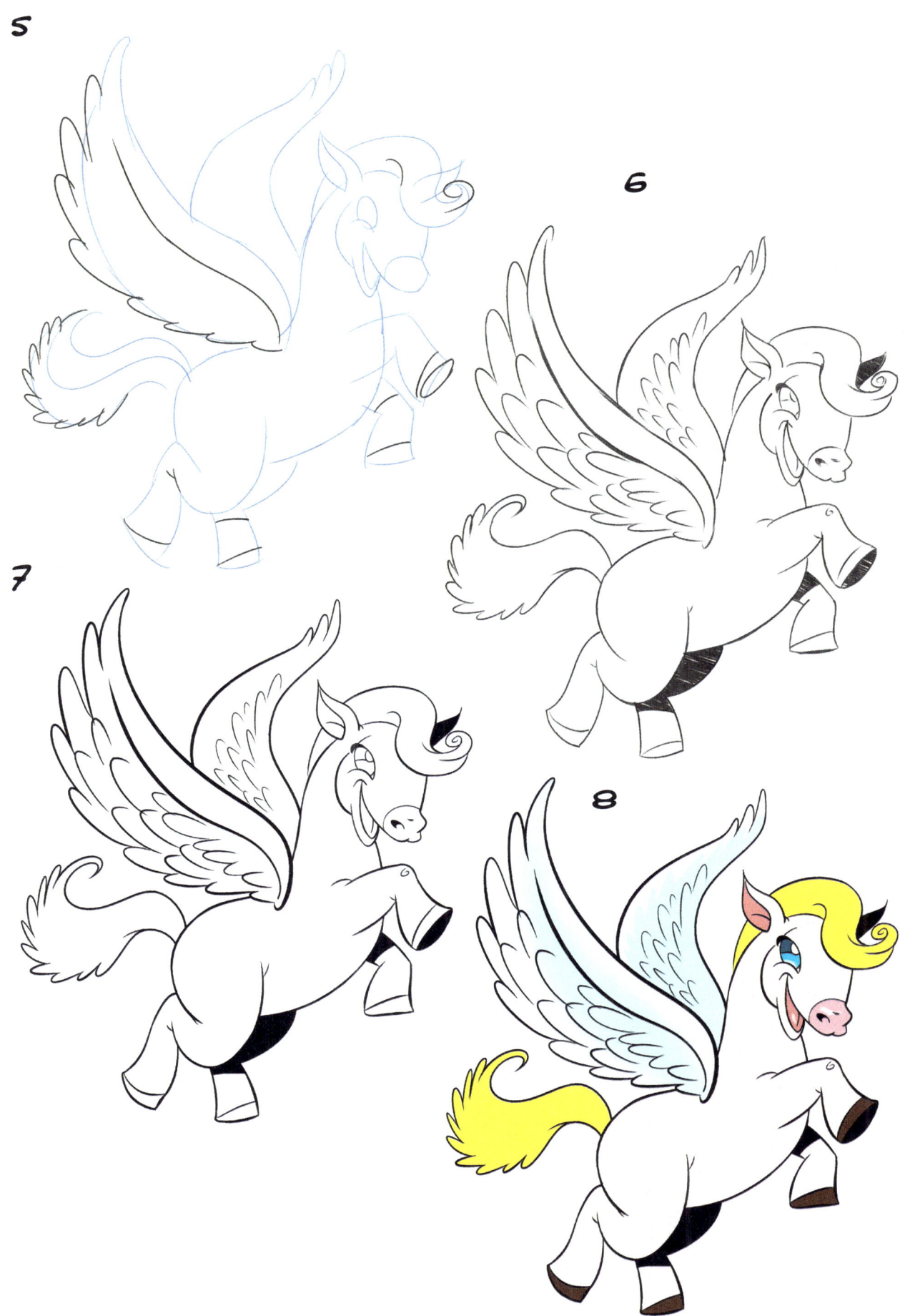

5

6

7

8

EL DELFÍN VOLADOR

1

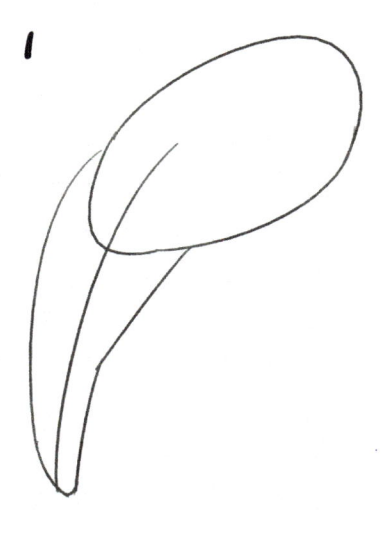

2

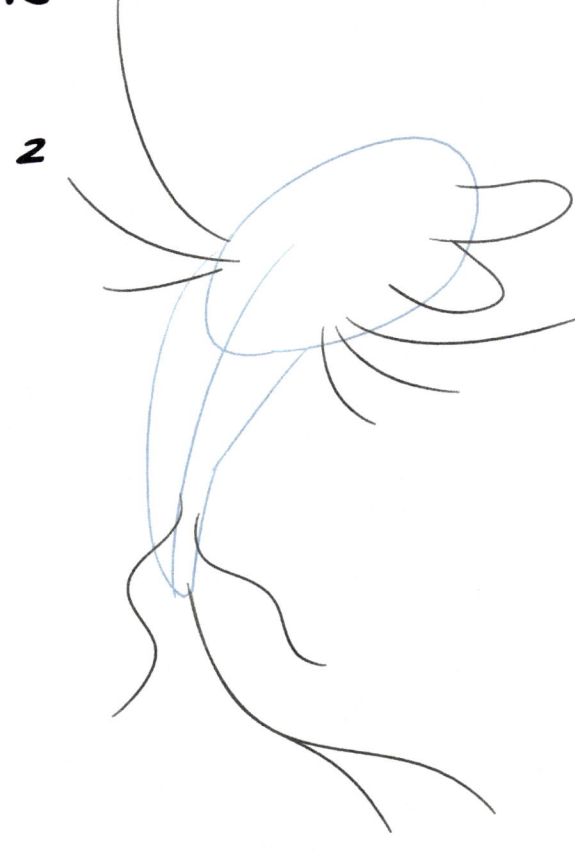

3

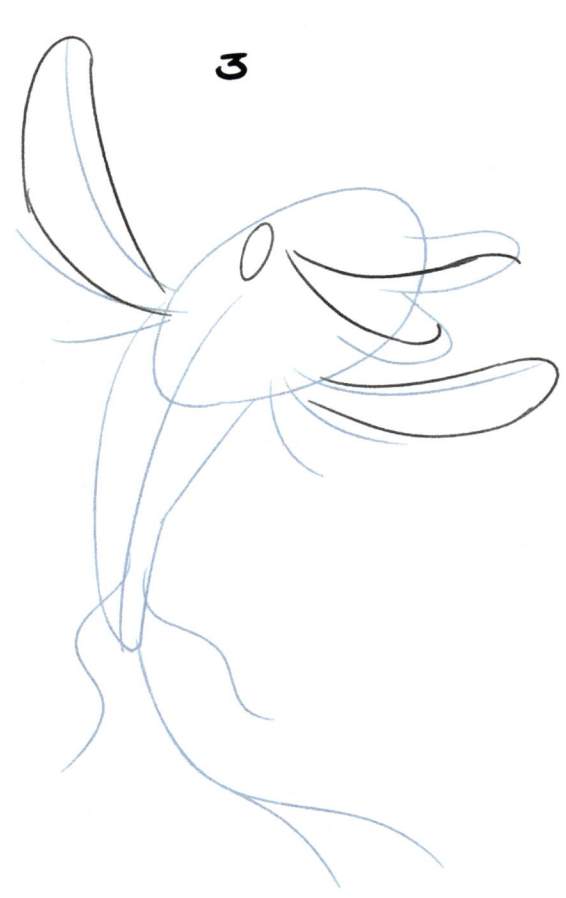

4

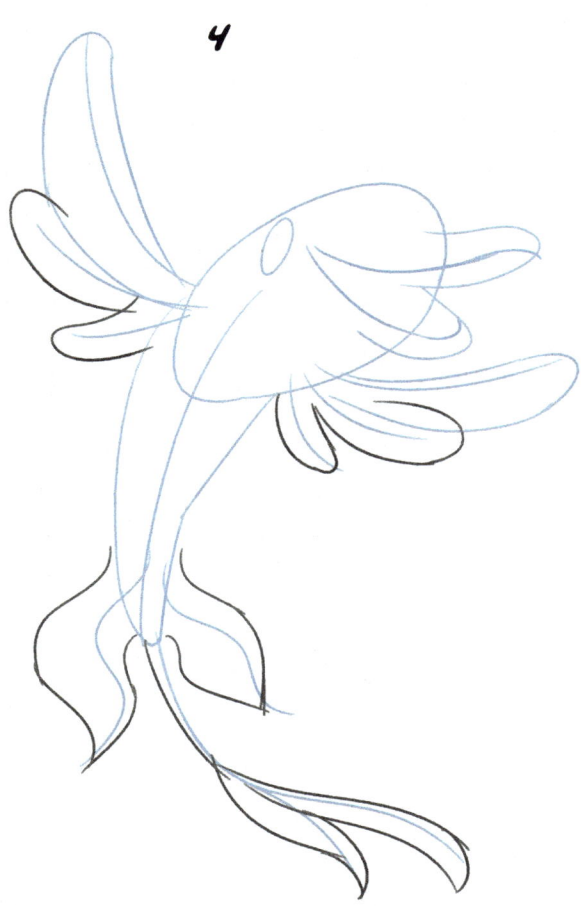

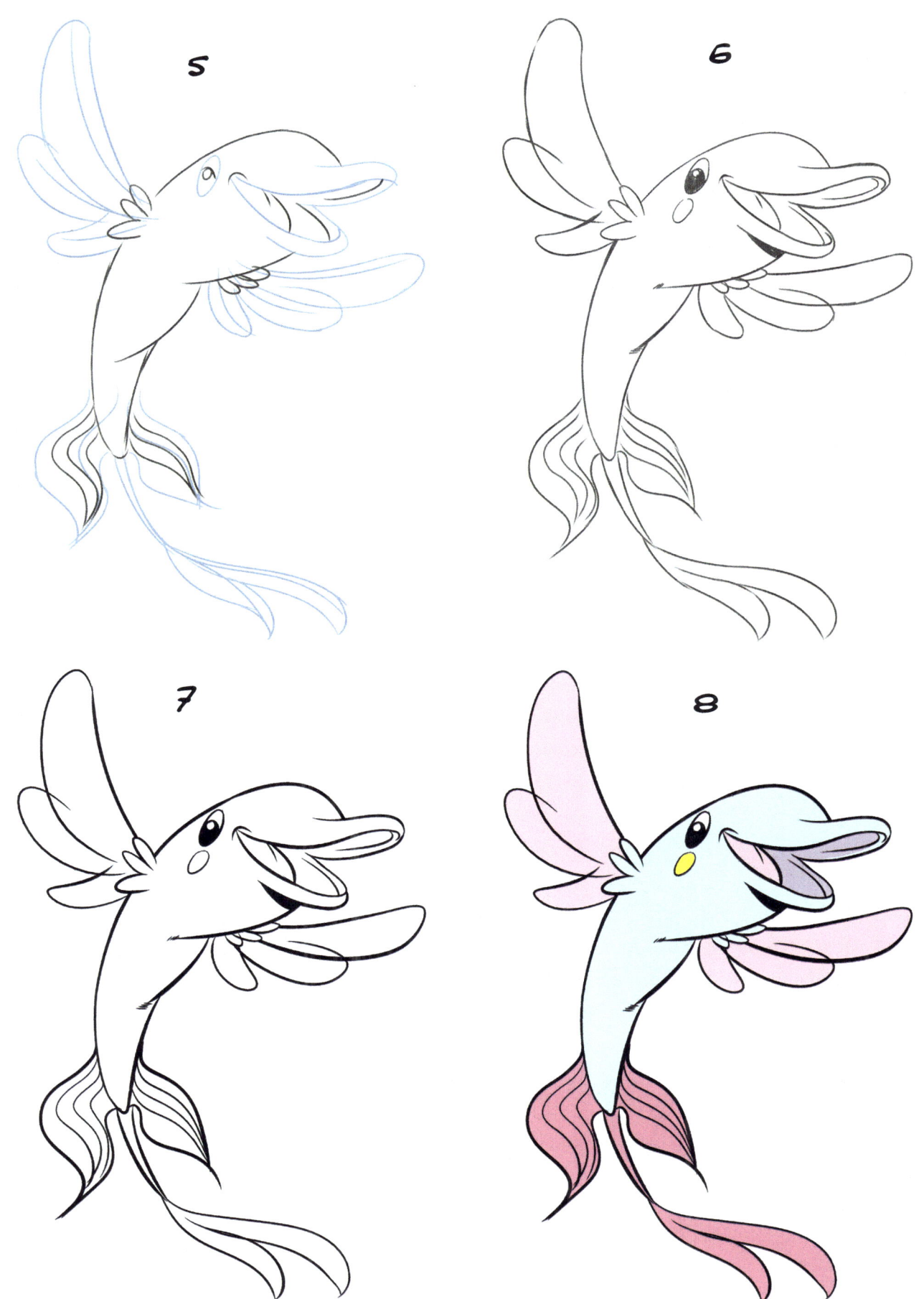

EL MONO-MURCIÉLAGO

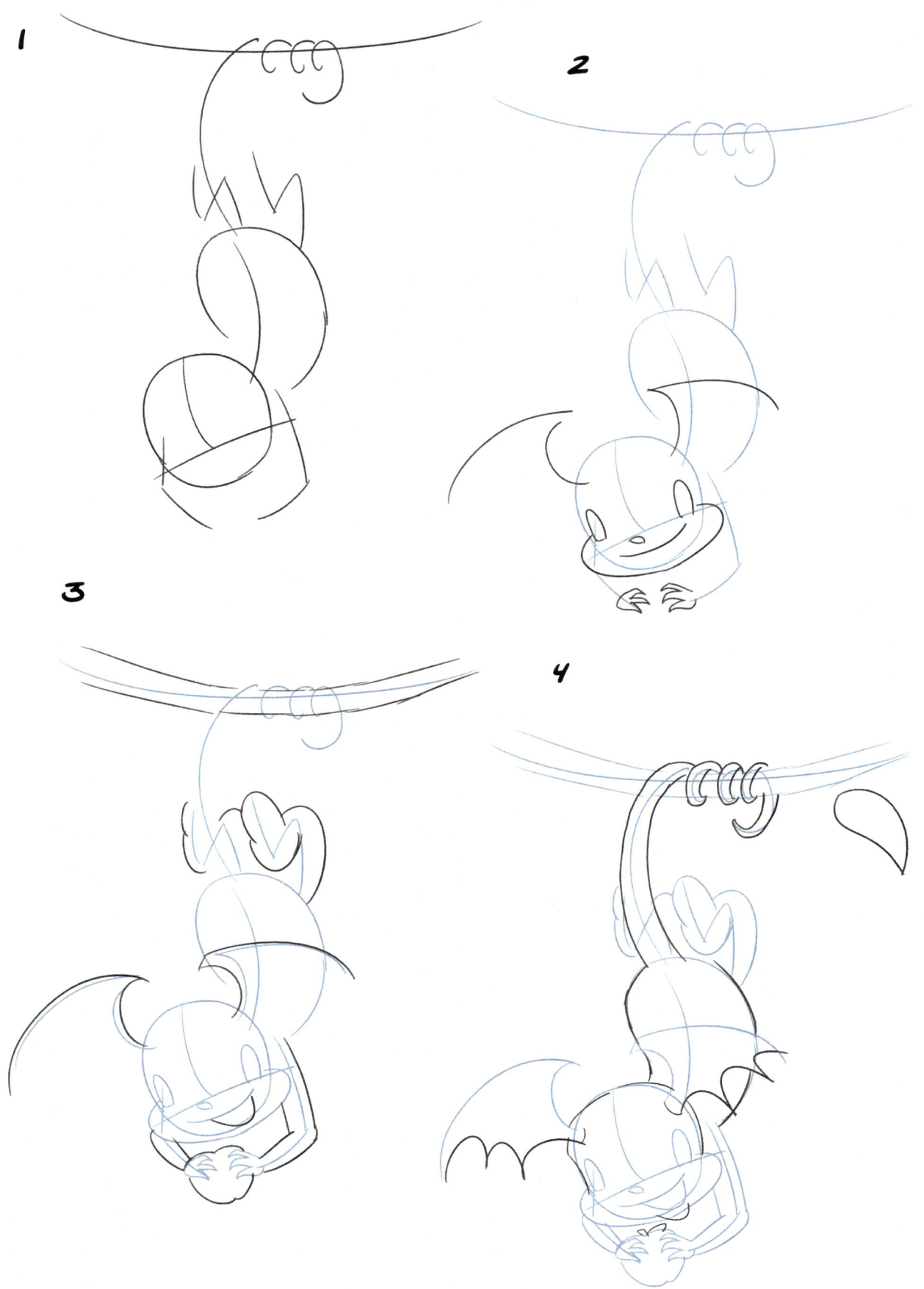

1

2

3

4

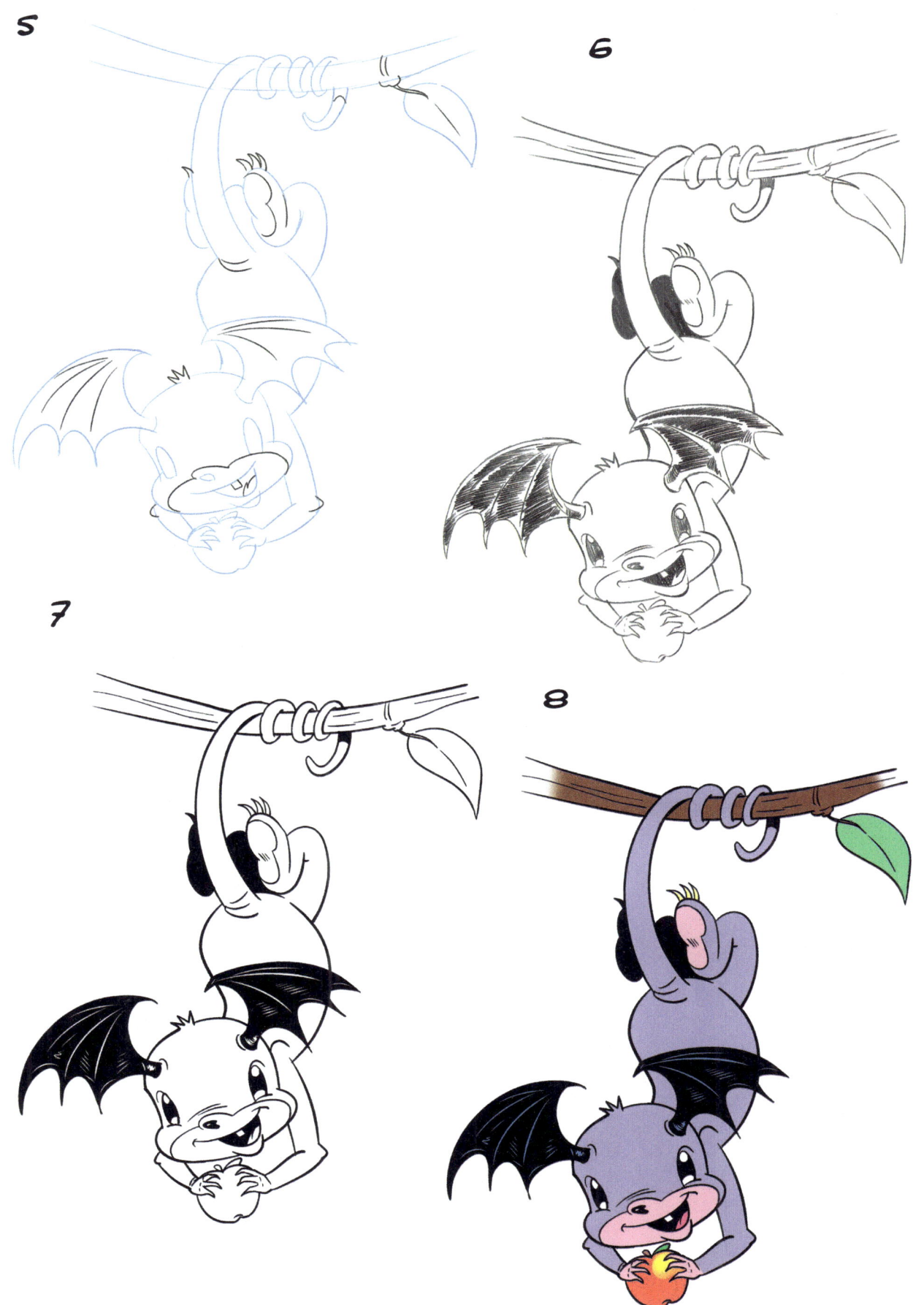

EL BASILISCO

1

2

3

4

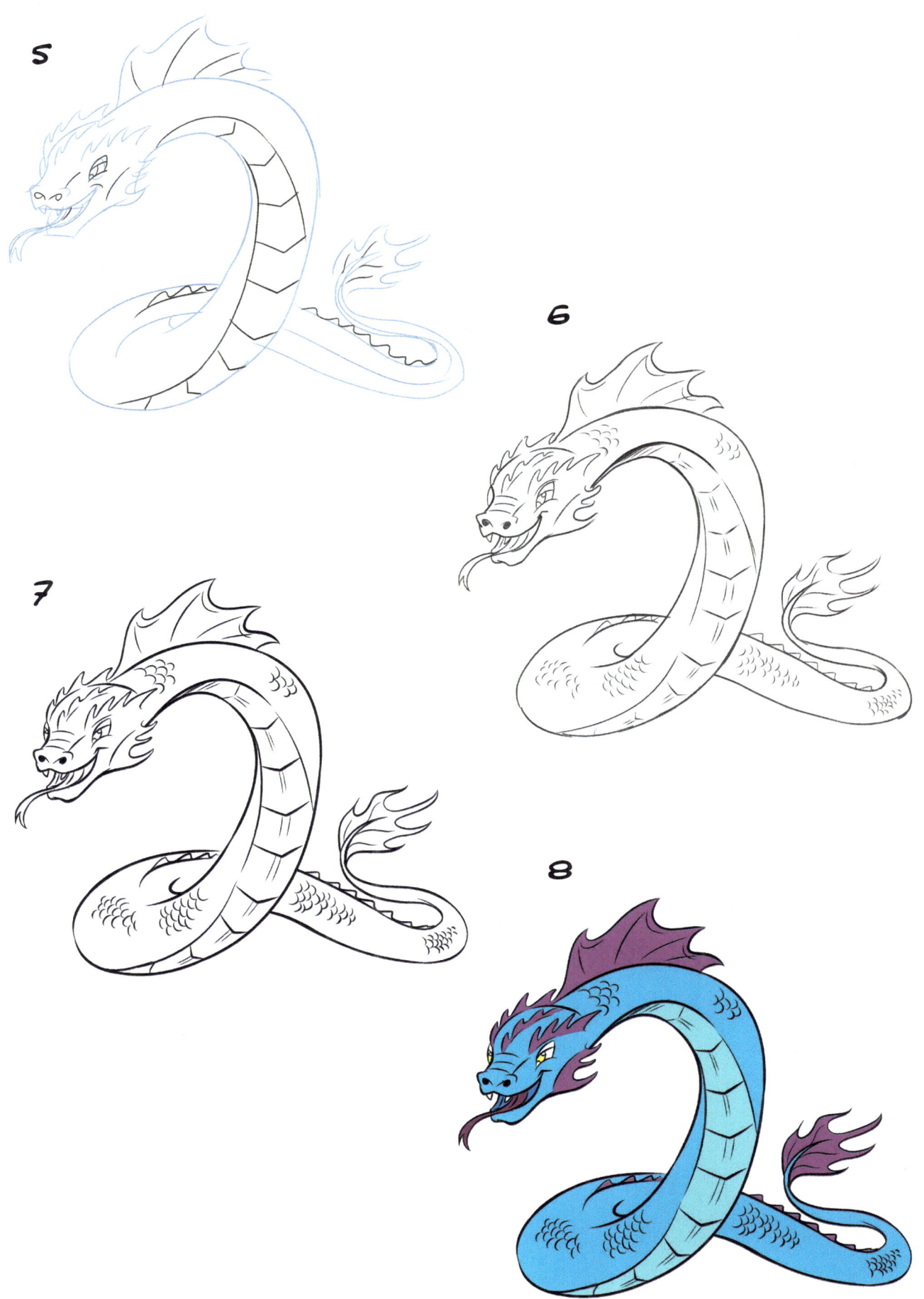

LA ARDILLA MÁGICA

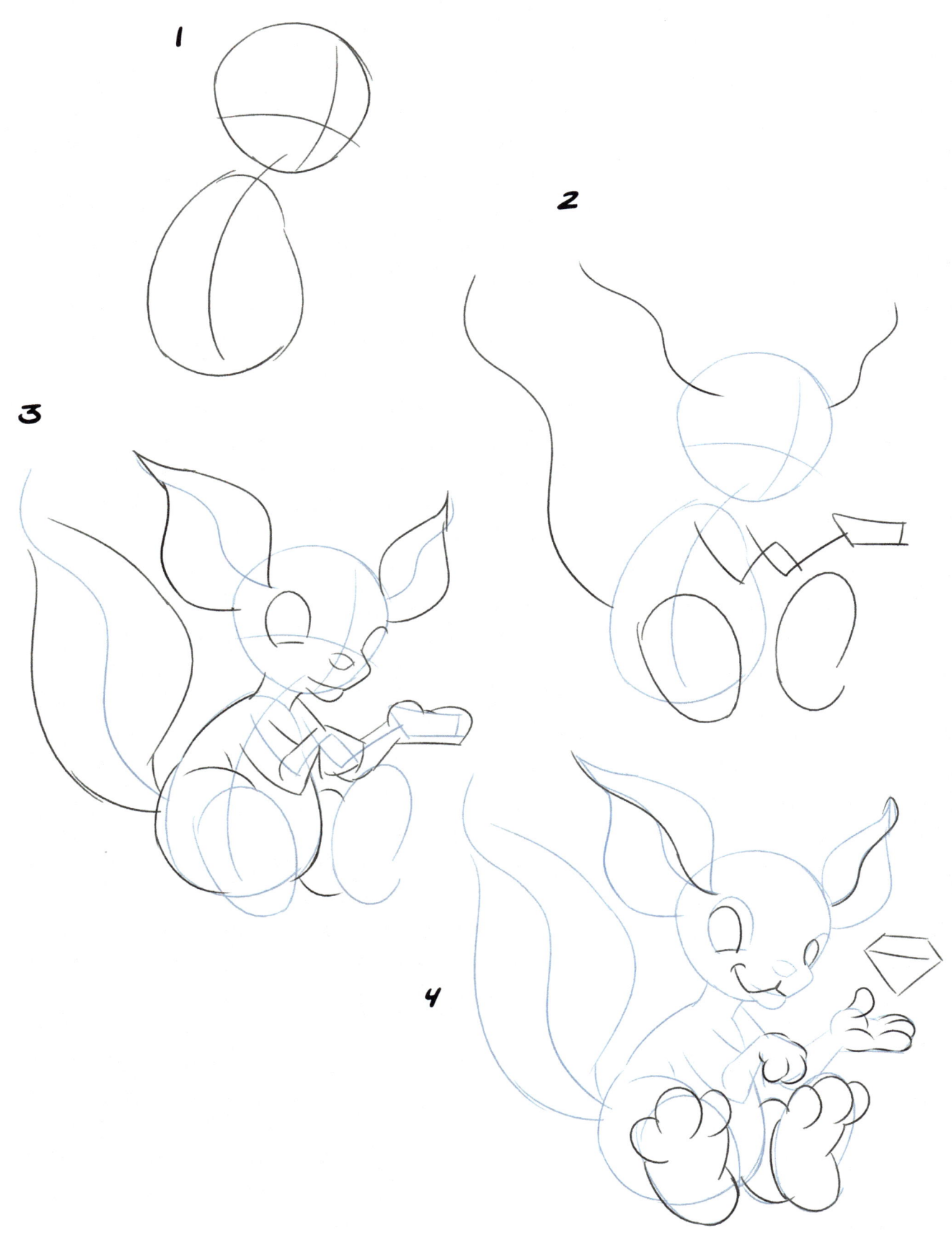

1

2

3

4

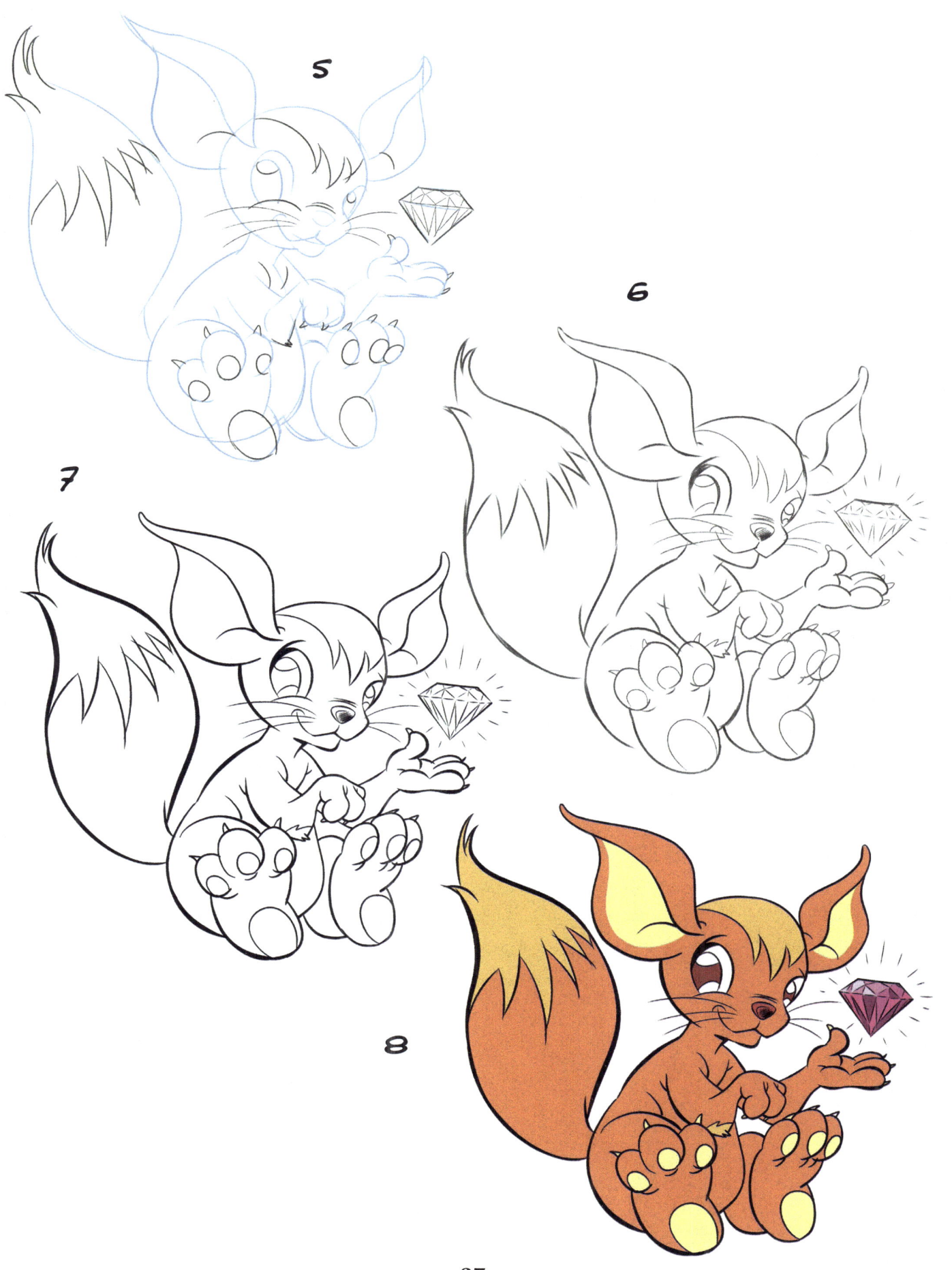

5

6

7

8

EL LEÓN ALADO

1

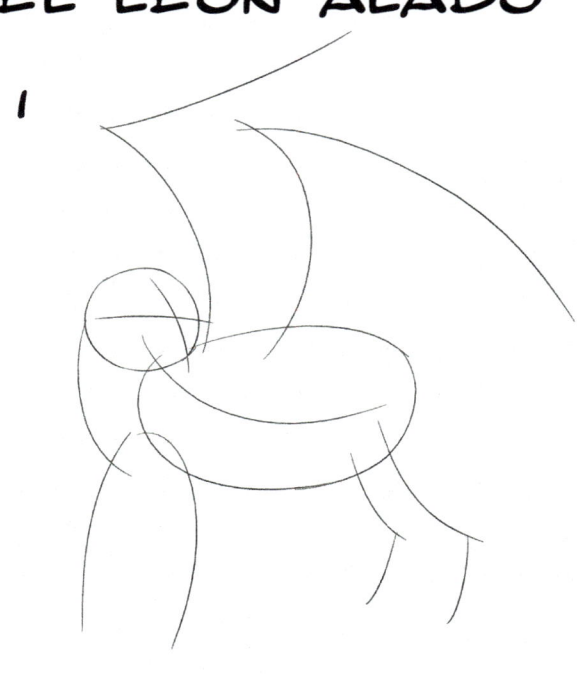

2

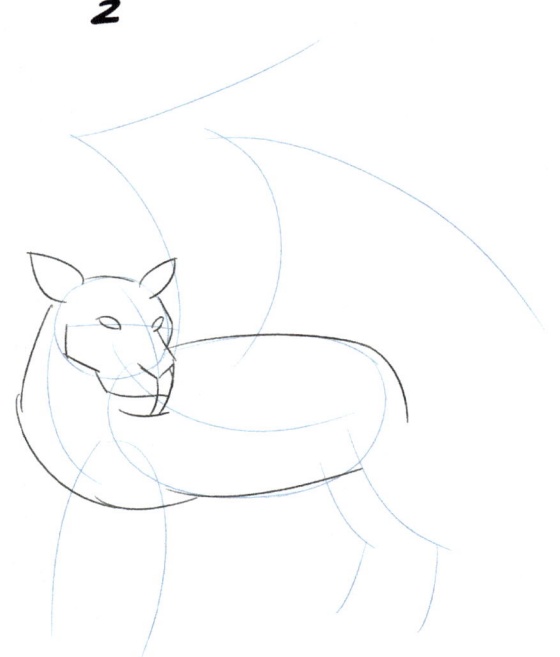

3

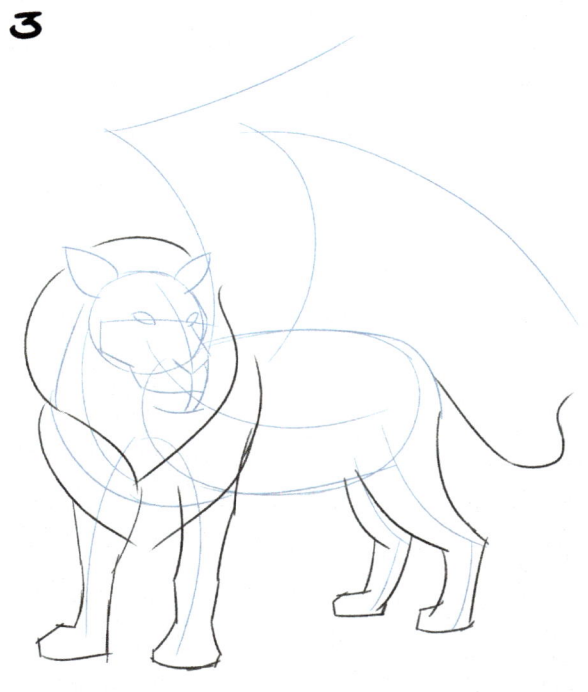

4

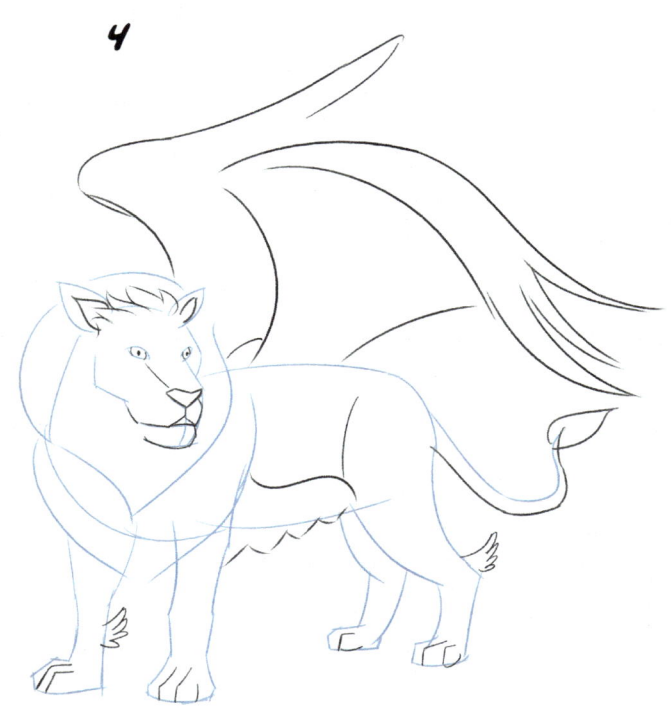

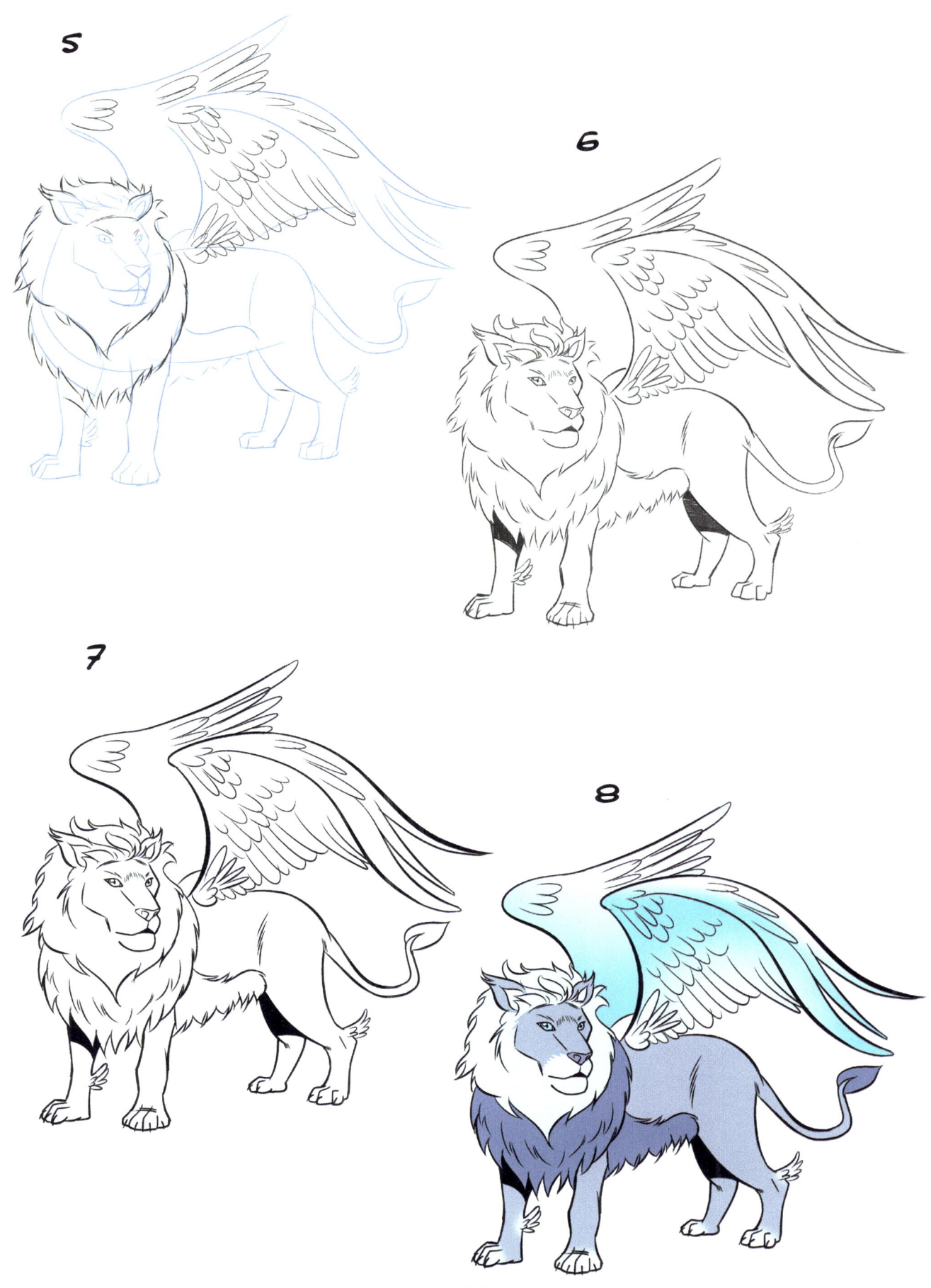

EL DRAGÓN

1

2

3

4

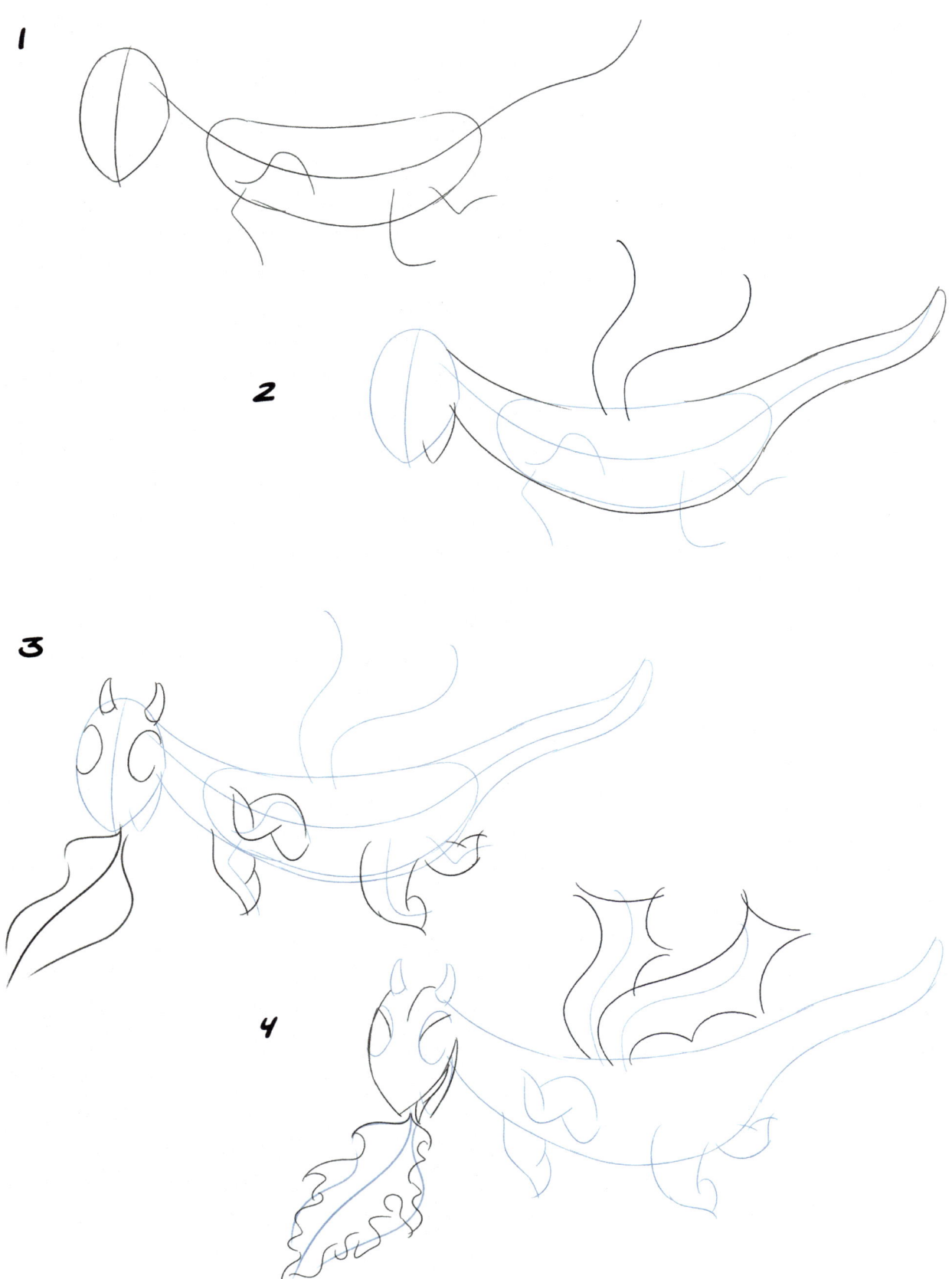

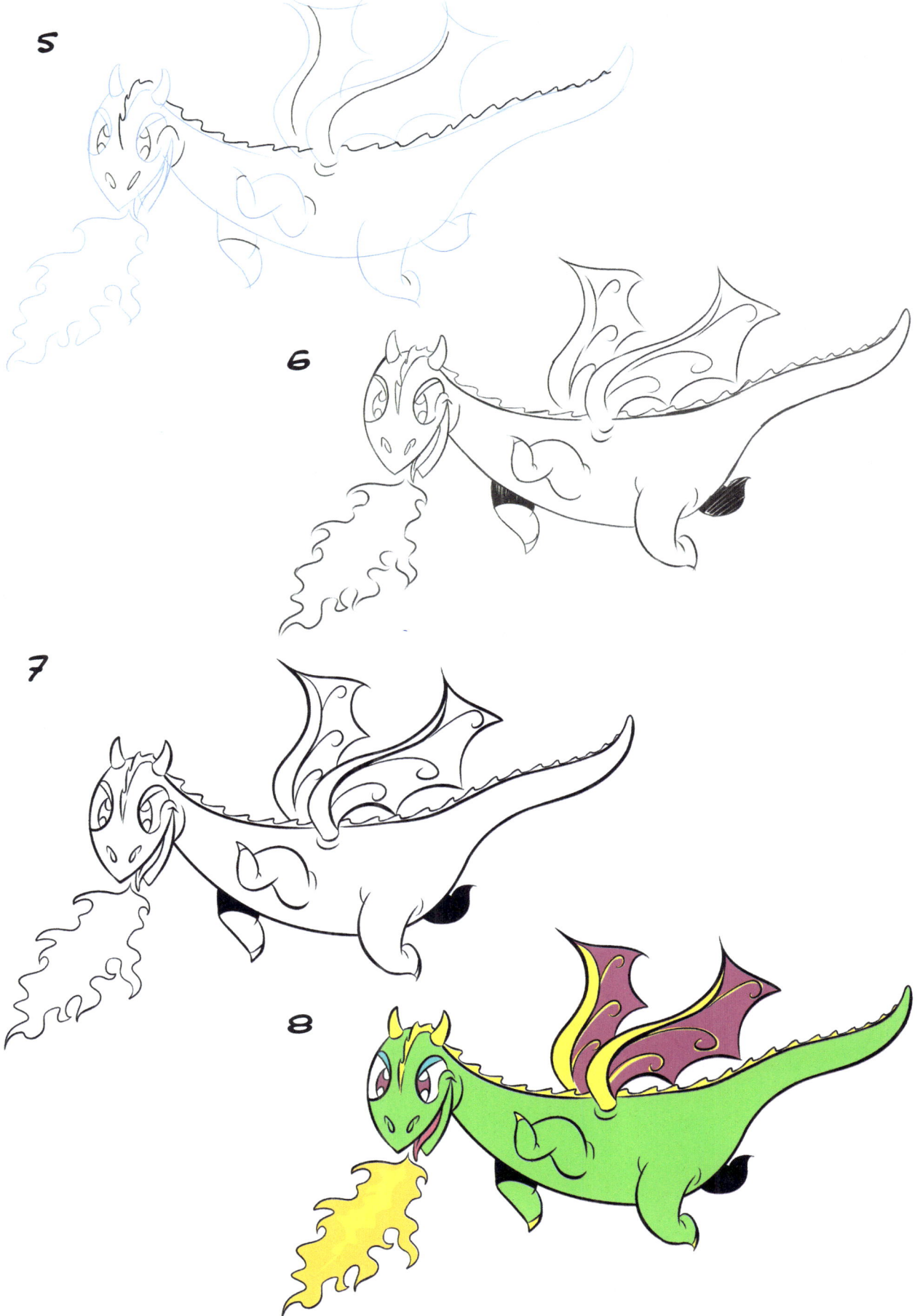

5

6

7

8

EL CANGURO-ERIZO

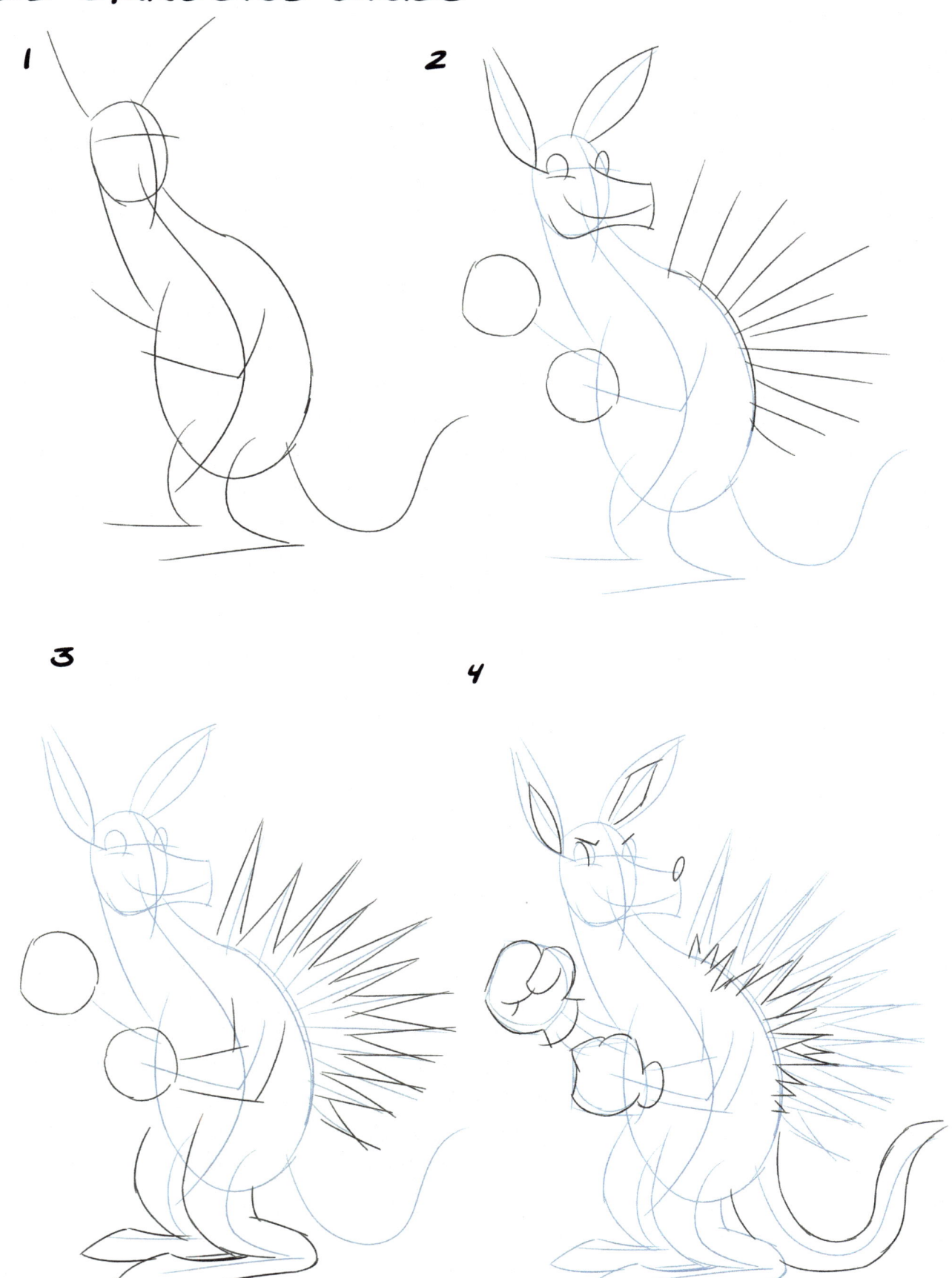

1

2

3

4

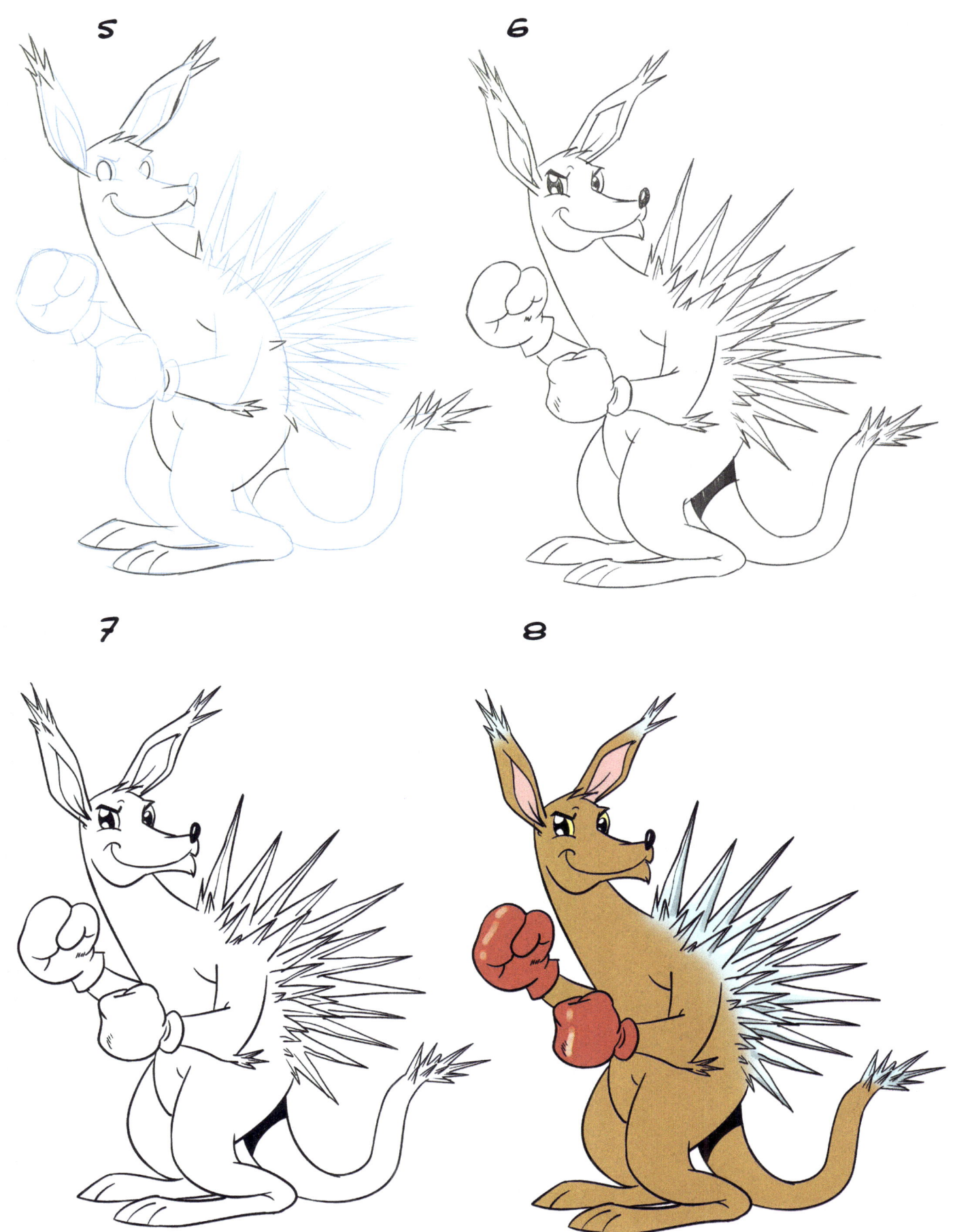

5

6

7

8

43

LA GORGONA

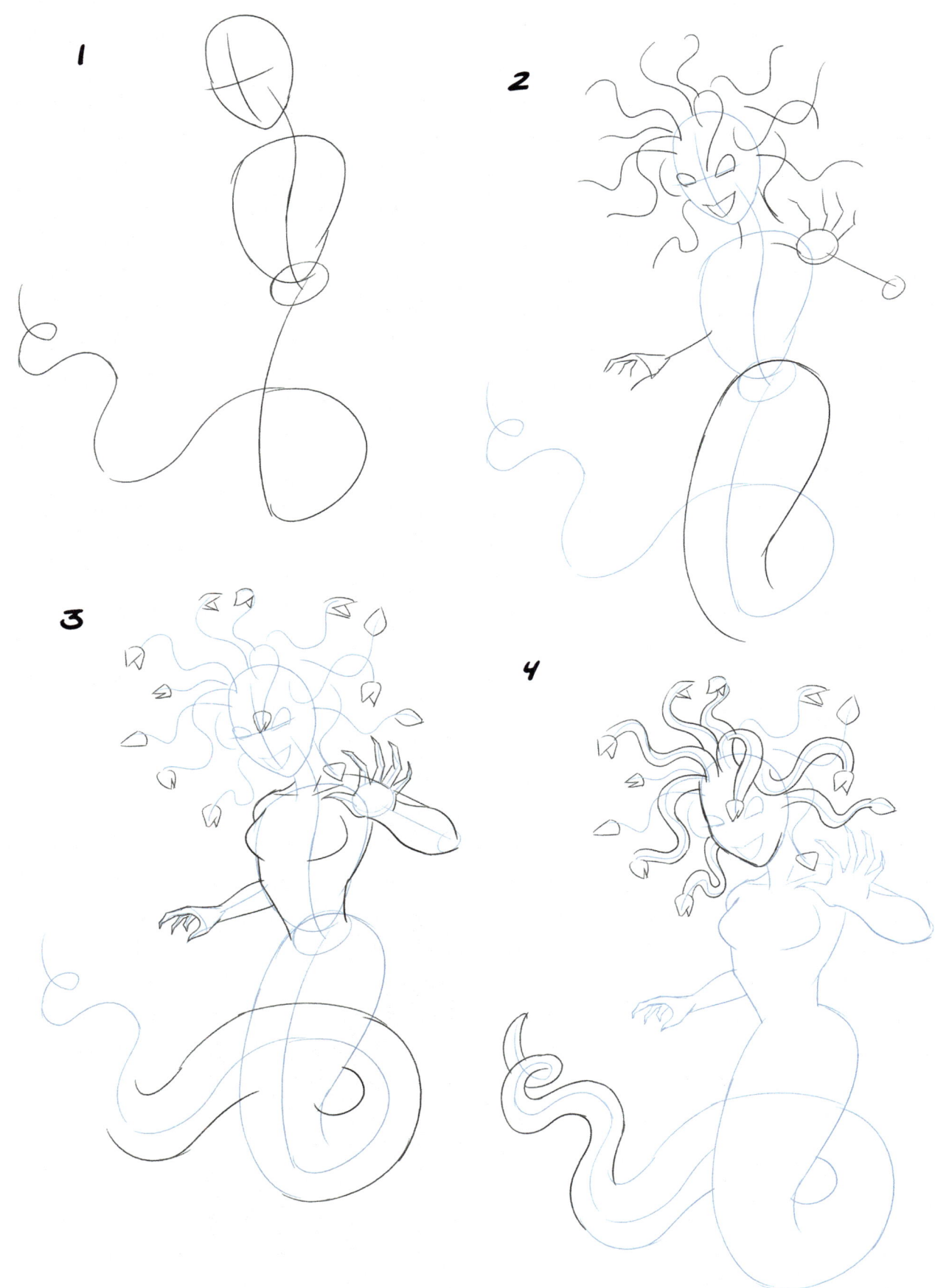

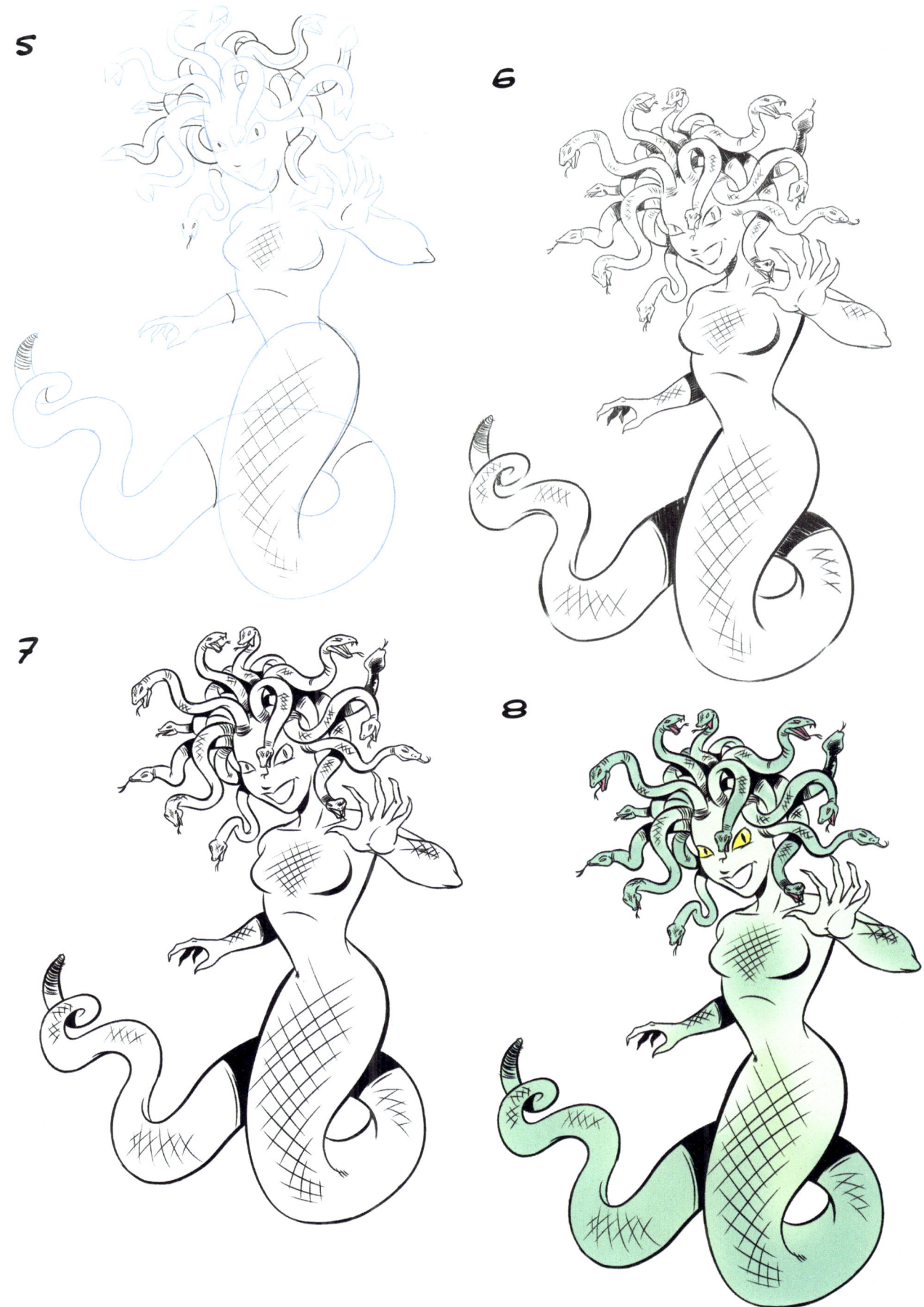

EL GRIFO

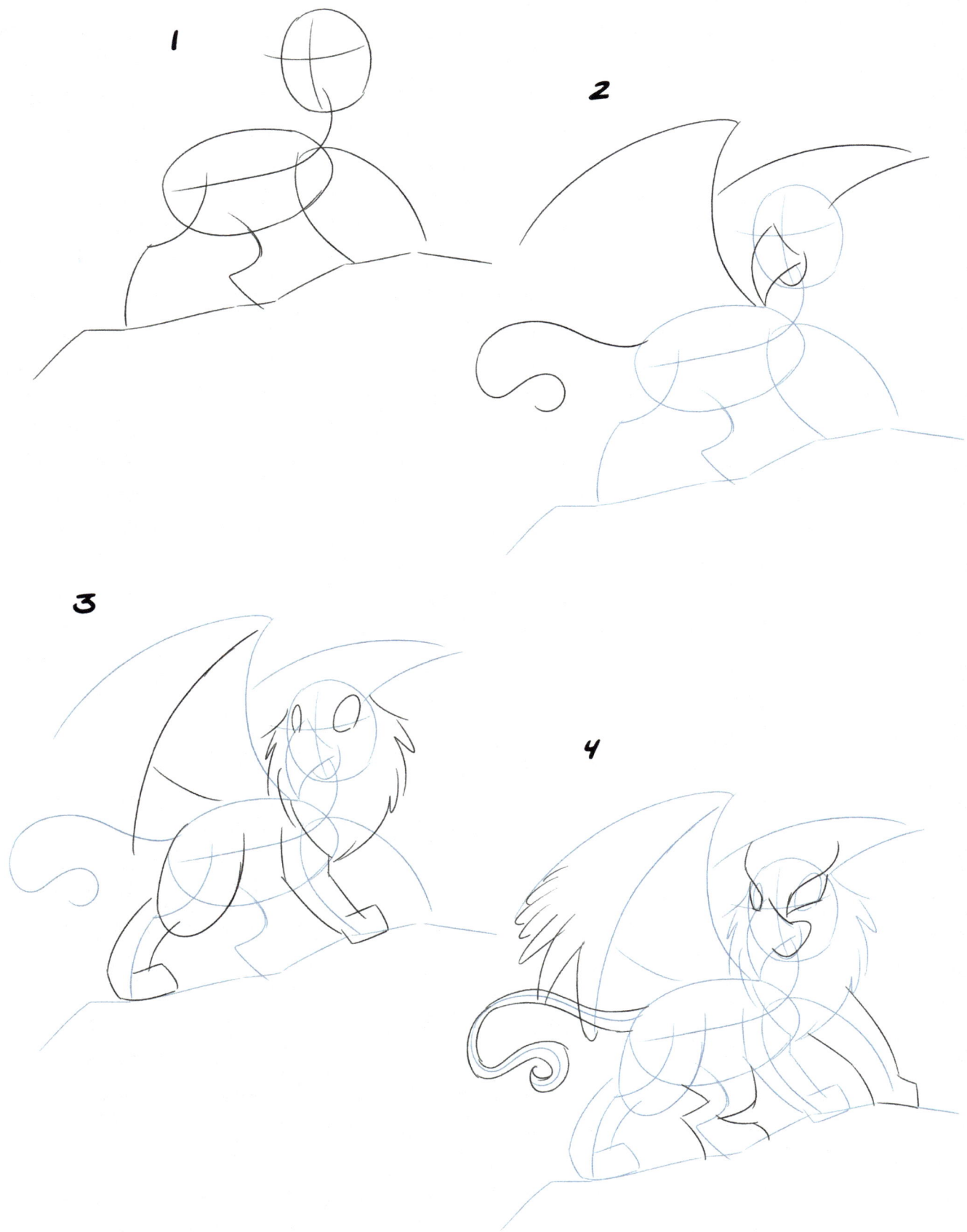

1

2

3

4

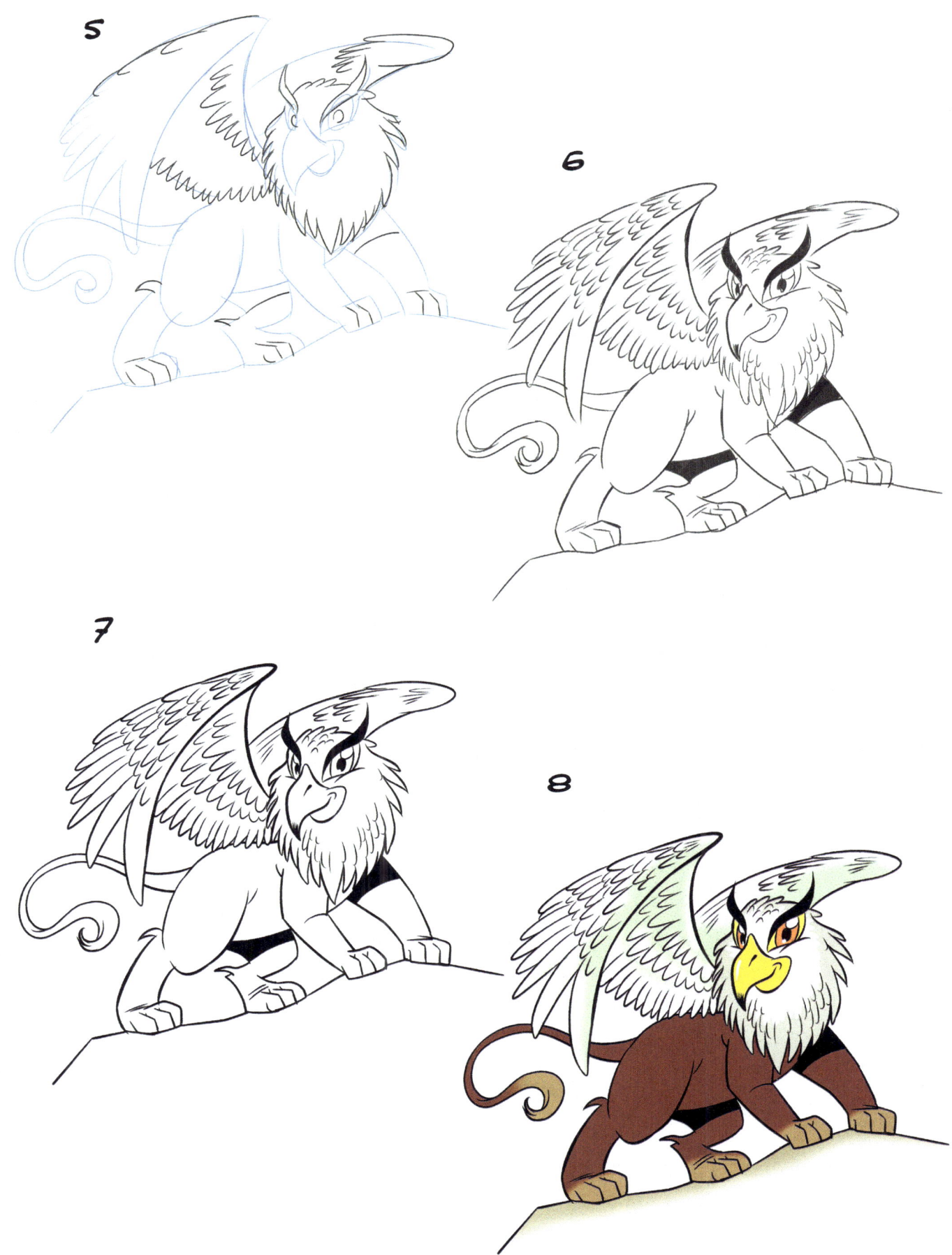

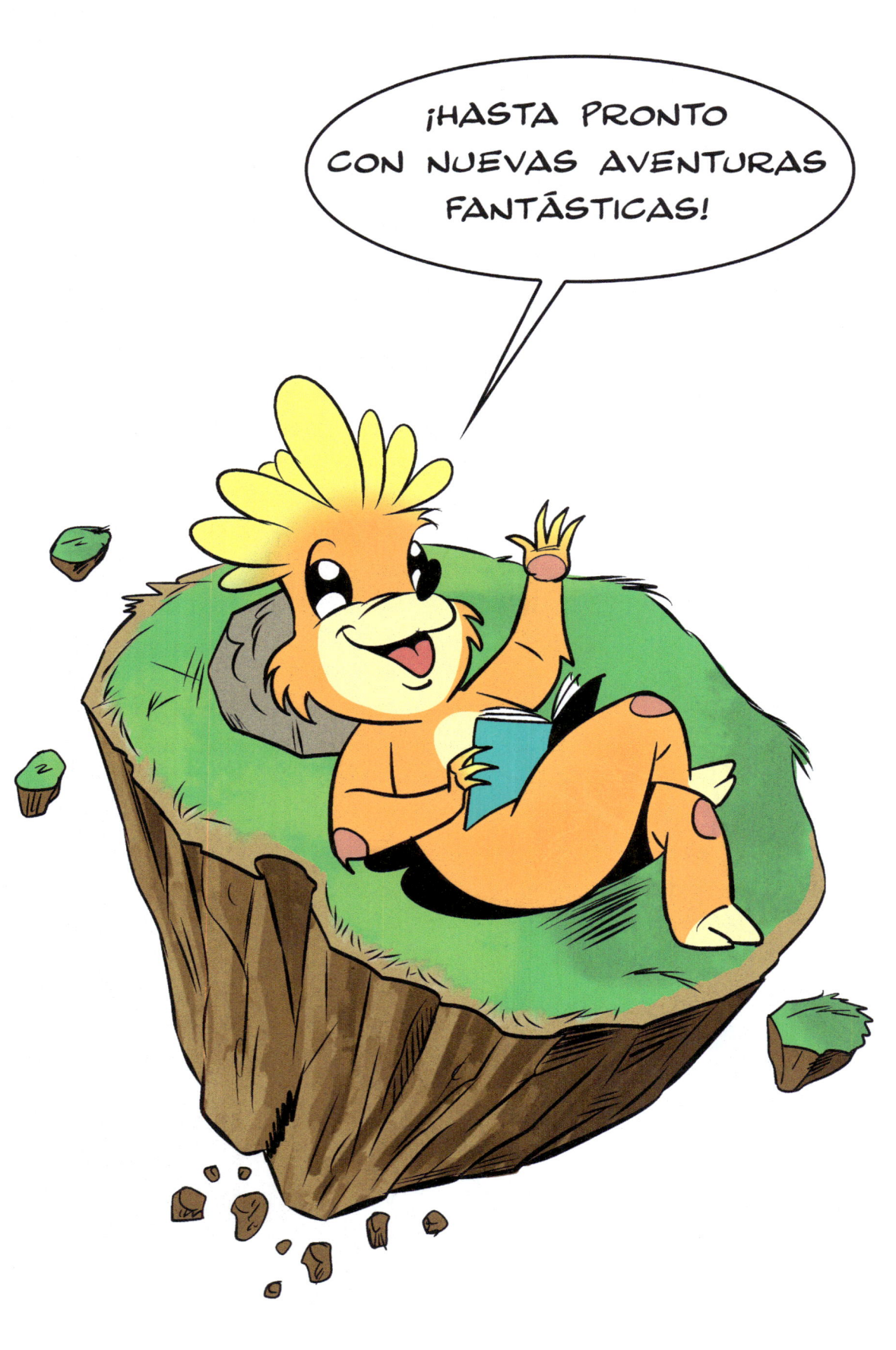